つまり、僕が伝えたいことは
人生の意味、働く意味は、
本当に千人千色だと思うんだけど
「人生と働くこと」に望むことは同じってこと

人が生きると書いて「人生」
人が動くと書いて「働く」
働くことは生きることなんだ
生きることは働くことなんだ

現実から目を背けずに
夢に向かって生きることを諦めずに
万人万色いろんな人生、あなたの人生をつくって行こう

僕は自信と経験を持って
夢に向かって働く人生をおすすめします

きむ
日本ドリームプロジェクト代表

働く人の夢

33人のしごと、夢、きっかけ

「人生は何のためにあるんだろう？」

答えはもちろん
十人十色、百人百色だと思うんだけど
僕の中での答えを３つ言うと

人生は楽しむためにある
人生は幸せ（いきがい）を感じるためにある
人生は自分が成長するためにある

です。じゃ、次に

「何のために働くんだろう？」

これも僕の中での答えを３つ言うと

働くことは楽しむためにある
働くことは幸せ（いきがい）を感じるためにある
働くことは自分が成長するためにある

代表きむのはじめのはなし ①

大学生は
悩んでいました。

きむプロフィール

1980年福井県小浜市に生まれる。
1999年京都芸術短期大学に進み、カメラを始め、
京都の路上で写真と詩のポストカードを売り始める。
2001年きむカンパニー設立。
2003年日本ドリームプロジェクト発足。
2004年いろは出版を設立。

大学生と話をしました。
大学生は悩んでいました。

就職活動を目前にし、
急に現実を突きつけられたような顔をして、
悩んでいました。

やりたいことを「しごと」にしたいという想いもあるんだけど、
それが何なのか、本当に社会でできることなのか、
働くということでできることなのか、と悩んでいました。

先輩の話を聞いても、どうも働くことは、
楽しくないように聞こえて、何を基準に自分が「しごと」を
考えたらいいのか分からなくなって不安になって
悩んでいました。

さらに単純に、
人生ってなんだ？働くってなんだ？「しごと」ってなんだ？
やりがいはどうやったら持てるんだ？と
必死にいろんなことを考えて自分の道を決めようと
自分の道をつくろうとしていることを知りました。

この『働く人の夢』は、
そんな大学生の想いに答えるべく生まれました。

②へ →

代表きむのはじめのはなし ②

社会*は
あなた次第で
夢を持って働ける
ところでした。

* 社会っていうのはビルや建物のことを言うのではなく、
人と人とが集まって、社会ができているのです。

僕たちは１００５人の働く人に夢を書いていただき、
１つの大きな発見をさせてもらいました。

夢を持って働けるかどうかというのは、
社会に出て、夢を持てるか、持てないか、というより
自分自身が、夢を持とうとするかどうか、で決まるんだと。
つまり、
世の中こんなもんだ、自分はこんなもんだと諦めずに、
夢（やりたいこと、なりたい自分、ありたい自分）を
探そうとしているかどうか、探し続けているかどうかという
１つの意識の違いで
働くことを楽しめるか、生きることを楽しめるか、
目が輝くか、笑顔が輝くか、人生が輝くかが決まるんだと
発見し、実感させてもらいました。

この『働く人の夢』の本のサンプルができた時、
大学生に見てもらいました。開いての一言が忘れられません。
「あーー。。やっぱり私も笑顔で働きたい。」

この本を、読んでくれた人、見てくれた人にとって、
この本が、笑顔で働くきっかけに、夢を見つけるきっかけに、
素直な心と向き合えるきっかけに、自分を知るきっかけに
なってくれたらうれしいです。幸せ（いきがい）です。

あなたの人生はあなたが決める。
夢に向かって楽しく笑顔で働けるかは本当にあなた次第です。

日本ドリームプロジェクト代表 きむ

働く人の

夢
と
きっ
かけ

働く人の夢－もくじ

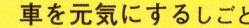

CONTENTS

幸せで特別な一日を

7:30	起床・新聞チェック
9:30	出勤 サロンオープン準備
10:00	新郎新婦さまと打ち合わせ
22:00	帰宅・ネットチェック
25:00	就寝

ウェディングプランナー

女性が一番美しく輝く日を･･･人生で一番幸せな日を･･･

私はそんな特別な一日を一緒に作り出し、共に過ごし、夢や幸せを分かち合える最高の仕事をしています！しかし幸せで特別な一日を作り出すためには、朝早くから夜遅くまでの打ち合わせなど、正直かなりの努力が必要です。やり直しのきかない大切な一日なので、プレッシャーも日々感じています。容量オーバーになりそうな時もあります。働くってツライと思ったことはないのですが、もしかしたら気づいてないだけで、ツライことの方が多いのかもしれません。

それでもやっぱり結婚式当日に、

「良い結婚式だった！楽しかった！」笑顔いっぱいのゲストの皆さま。

「本当に、本当にありがとう！」両手で握手をして下さる親御さま。

「清水さんがプランナーで本当に良かった！」泣きながら抱きついてくれる新郎新婦さま･･･そんな素敵な言葉をいただくと、そんな素敵な一日を共に過ごすと･･･結婚式までの努力なんて忘れてしまいます。

そしてさらに、結婚式が終わってからも、人とのつながりを感じることができるんです！「赤ちゃんが生まれました」とお手紙を下さったり、その子の成長を定期的に教えて下さったり･･･。その度に、なんてステキな仕事なんだろう、自分の努力は間違ってなかったんだと実感して嬉しくなります。

何でそんなに頑張れるの？とよく聞かれます。

私はその度にこう答えます。「この仕事が大好きだから！！」

ウェディングプランナーという最高の仕事と出逢えたことに心から感謝して、これからも幸せで特別な一日を作っていきます！

清水美佳　26歳

わくわくどーん

花火職人

7:00	起床
7:30	出勤・仕事の準備
8:00	作業開始
17:00	作業終了
18:00	帰宅 インターネット
22:00	就寝

昔からやりたい事見つけたくて、でも全然見つからんかった。

大学入ったらなんか見つかるやろって思ってたけど、やっぱり見つからんまま就活の時期になった。でも、やりたい事ないからってゆうて流れで就活するんだけは嫌やった。ネットで就活サイトに登録して、業種選んで、 企業検索して…給料、週休、社員数、企業価値 etc…そんな上っ面の情報だけで行きたい会社が見つかるとは思えんかった。

で、「自分は何が好きなんやろ？」って考えた時、

ふと子どもの頃から見に行ってた花火大会の事を思い出した。ほんで自分が一番単純に感動できるもんって、花火を見る事なんやなって思った。花火を見る人がおるって事はもちろん作る人がおるわけで、それを職業の一つとして自分の中で考えた時、すごいわくわくした。

そこから僕の本当の就職活動が始まった。

まずは自分が調べられる限りの日本中の花火会社に電話をかけ、会社見学をお願い。でもすべての会社に断られ、アポなし飛び込みで見学を受け入れてくれたのが今の会社だった。そこで、給料なしの見習いからスタートして、大学卒業と共に社員として採用してもらえた。

僕にとって夢は、自分の気持ちに正直にやりたい事をやること。

歳をとって後悔しないように。やっとけばよかったなんて思わないように。今は駆け出しの花火職人見習いやから、いろいろ見て、想像して、今の自分にできる事をちゃんとして、少しでも多くの事を吸収したい。
そして、いつか、絶対に自分の花火を夜空に打ち上げて、一人でも多くの人を笑顔にする。だからそのための今をがんばる！

泉宏樹　24歳

素敵な「ねぇね」

7:00	起床
8:50	出勤・申し送り 午前の活動 （いっぱい遊ぶ）
14:00	午後の活動 （おやつ・散歩）
16:00	夜勤へ申し送り
20:30	帰宅
24:00	就寝

保育士

夢。毎日たくさんみてますよ。今でこそ、ようやく、だけど。

今の仕事を始めて５年目です。小さい頃からの「夢」だったんですよ、保育士。でもね、就職して２年過ぎた頃からかな、何だか楽しくないぞ、と。子どもと過ごす毎日にも慣れて、どんどん日々が過ぎていく。あんなになりたかったのに、いつのまにか「なること」が夢にすり替わってて、「じゃあ保育士になったら何をしたいの？」って聞かれたら答えられない。現実になっちゃったよ、どうしようって。今考えると本当に生意気ですね。ゴールだと思ったらスタートで、ただ戸惑ってました。

その頃、２歳の女の子を担当してたんです。初めての担当児でもうすぐ３歳の誕生日でした。お誕生日カードって覚えてませんか？身長とか先生のお祝いの言葉とか…手型を押すアレです。そこに「大きくなったら何になりたい？」って項目があって、子どもに聞いてみました。そうしたら間髪入れずに「ねぇね（私）になりたい。」

…ドキドキしましたねぇ。その一言で意識が変わりました。こりゃ大変な仕事だ、くさくさしてる暇ないぞって。決して自分が好きじゃない時の自分も子どもは見てる。それでも「なりたい」なんて憧れてくれてる。なら、期待を裏切らずにもっと素敵な人になろう。そう思いました。３歳の子の夢が、私の夢を作ってくれたんです。

今の私の夢は、「なりたい」って言ってもらえる自分でいること。毎日に楽しみをみつける達人を目指してます。小さな師匠はたくさんいますので！子どもは夢みる天才です。「明日歩けたらいいな」「ママって言えたらいいな」なんていう夢、一つ一つ叶えていっちゃうんですから。今日もよろしくお願いします、師匠！って感じです。

柳原美緒　27歳

リーダーって何だろう

1

投資会社会社員

8:00	起床
9:10	出勤
10:00	メールチェック
12:00	投資候補案件の事業計画を作成
15:00	チームメンバーと打ち合わせ 投資先の月次業績を 電話でヒアリング
17:00	事業計画の修正と検証点の整理
20:00	退社
25:00	就寝

僕は今、投資会社に勤めている。いわゆる「バイアウトファンド」と呼ばれる業態だ。会社の株式に投資し、経営者と二人三脚で企業価値を向上させることで利益を得る仕事。

「企業経営」というテーマに僕は魅力を感じている。企業経営を通じ、自分を取り巻く様々な人と信頼関係を築き、「大佐古が居て良かった」と言ってもらえること。「社会に貢献できた」と誇りを持って言えること。僕の夢はそういう状態にたどり着くことだ。それが今の仕事を選んだ動機でもある。

僕の夢は、大学時代のある体験によって形作られたものだ。

今から7年前の秋、当時大学2年生だった僕は、あるサークルを立ち上げた。社会問題や企業の経営課題を例にとり、解決策を考え、学生や社会人の前で発表し、議論するサークル。僕は代表として、生まれたばかりの組織を発展させる責任を負った。

幼い頃の僕は、「リーダー」とは全く無縁の子どもだった。本が好きで物事をじっくり考えるタイプ。明るい性格だが、人見知り。いじめっ子に対峙《たいじ》するガキ大将でもなければ、クラスの先頭に立って運動会を盛り上げるタイプでもない。そういう生徒の後に黙ってついていくような、そんな子どもだった。

「黙ってついていく」自分を変える。僕がサークルを立ち上げた動機だ。最初のメンバーは5人足らず。参加メンバーを増やそうと、とにかく必死でサークル活動に没頭した。僕は、あらゆる機会でメンバーや興味を持ってくれた人々にサークルの理念を語り、その人の問題意識を聞き、ここはそれが実現できる場なのだ、と説いて回った。多くの人の賛同を得ることができ、サークルは大きくなった。

しかし大きくなればなるほど、代表としての責任も大きくなっていった。議論の時に自分よりも鋭く問題を指摘するメンバーがいる、自分よりもスムーズに会を運営できるメンバーがいる… 僕は自信を失っていった。元々、リーダーとしてのカリスマ性があるわけではない。何しろ「黙ってついていく子ども」なのだ。自分は代表にふさわしくないのではないか…。

卒業の時期が近づき、僕を含む創立世代は引退を迎えた。後輩が「追い出し会」と称したパーティーを開いてくれた。二次会のカラオケで一通り熱唱した後、後輩が密かに追加した曲が始まった。「贈る言葉」だった。曲が鳴り始めた瞬間、涙が溢れた。皆で肩を組んで、大声で、泣きながら歌った。店を出る時、握手しながら後輩が「大佐古さんが代表で本当に良かった。」と言ってくれた。

嬉しかった。自分がこのサークルを設立したこと、もがき続けたことは無駄じゃなかったと気づいた。子どもの頃から先頭に立つタイプだけがリーダーにふさわしいのではない。じっくり考え、人との対話を大事にしてきたからこそ、皆がこのサークルを好きになってくれ、僕をリーダーとして信頼してくれた。メンバーのおかげでそのことに気づくことができ、自信を持つことができた。本当にありがたかった。

この経験が僕の原体験だ。人からの信頼を受け、社会を良くしたい。そして、「大佐古が居て良かった」と言われたら、これに勝る喜びはない。この想いが僕を突き動かしている。社会人生活はまだ始まったばかりだ。僕が夢を実現できるかどうかは、死ぬ時にしか分からないが、一生を懸けるに値する夢だと強く思う。

大佐古佳洋　27歳

過去の自分には負けたくない

5:30	起床
7:30	出勤
10:30	現場へ営業
20:00	帰宅・お風呂
21:30	仕事の雑務等
24:00	就寝

保険営業

大学卒業後に就職した所を３ヶ月で辞め、その後３年半程フリーターをしていました。それなりに毎日楽しかったのですが、今のままではダメだと思い続けてはいました。それは、学生時代、野球という一つのことに打ち込んでいた過去の自分に、いつまでも負け続ける自分がいたからです。そんな折、自分が家庭を持ち、家族に背中を見せられるようにならないといけない立場になり、腹をくくる決意をしました。

それで私が考えたのは、どうせやるなら厳しい環境で自分を成長させてやろうと。どんなにアカンくても最大限に打ち込んで、ホンマに自分のできることは１２０％全てやったといえる状況をつくろうと。

その中で選んだのが今の職です。飛び込み営業というのは、体力も精神力もかなり必要になってくるし、結果を出し続けなければならない職種です。でも「やる」か「やらない」か自分で全部決められる職種でもあります。自分の足でお客様を見つけ、お客様から感謝の言葉をいただける。そういった醍醐味は、営業でしか味わえない感覚でしょう。

以前、飛び込んだ先のお客様に「この前お宅の会社ともめてイメージ悪いんや。」と断られたことがあります。しかし、何度か通いお話をするうちに「あんたが担当でやってくれるんやったらお願いするわ。」と言ってもらい、最後に「ありがとうな、あんたが来てくれへんかったら保険入ることもなかったわ。」と感謝の言葉をいただきました。

営業という職種は、お客様を説得する仕事でも商品を売りつける仕事でもありません。自分を買ってもらう仕事であると。そしてそこにやりがいが凝縮されています。今私は、ここで毎日自分と戦っていて、過去の自分よりも更に懸命に仕事をしています。これからもそれを続け、家族に大きな背中を見せられる父ちゃんになること。それが私の夢です。

河渕至高　26歳

おばちゃん、おかわり！

6:00	起床
8:30	仕事準備
12:00	接客
15:00	材料仕込み 夕食弁当作り
17:00	帰宅
21:00	献立メニュー作り 材料発注書作成
23:00	就寝

学食のおばちゃん

私はこの５月で６５歳になりました。
現役の学食のおばちゃんです。
１９７５年、町内に大学が新設され、
家事と子育てで家にいた私は、食堂に勤務することになりました。
半年程で責任を任され、夢どころでなく、無我夢中でした。
そう、夢中でした。夢の中です。

「おばちゃん、オムライスおいしかったヨ。」
「南蛮漬ってどうやって作るの…。」
学校外でも、すれ違って振り向いて、
「あっ。学食のおばちゃんやー。」
健康教室の講師は、あのやんちゃだった田中君やわ。
等々、いろいろな対話、出会いが今も続いています。

６０歳で年金手続きをした時
「私もそろそろ引退かなー」と思っていました。
でも、私が作ったメニューが完売して
「おばちゃん、おいしかったヨ、ありがとう！」
なんて言われると、やっぱりまだまだ辞められません。

これからも毎日楽しく、夢中になって、
学生さんに喜んでもらえるごはんを作っていきます。
学食のおばちゃんは、まだまだ夢の中です。

伊戸桂子　65歳

ゆみこの挑戦

7:00 起床

10:00 出勤・ニュースの尺を計り、
天気予報の原稿をまとめる

16:00 退社
スーパーで買い物

18:30 帰宅

23:00 入浴

25:00 就寝

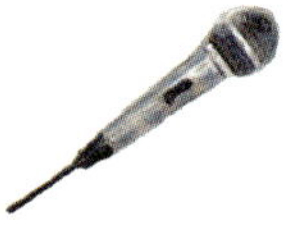

フリーアナウンサー

故郷の静岡で局アナウンサーを１３年間勤めました。
天気予報に始まり、ニュース、スポーツの取材に旅番組のロケ、グルメに突撃体験リポート…。一口に「アナウンサー」と言っても実に色々な仕事があり、スタジオでにっこり笑っているのは実はほんの一瞬。時には浜名湖でウナギを養殖する池に入ってリポートしたり、自分の身長より大きなワニを抱っこしたり…。全身全霊をかけて(笑)、どこへでも行き、なんでもやりました。

仕事の原動力になったのは、日々番組にいただく手紙やメールの数々。
「今度受験です。番組を見て息抜きしてから勉強します。」
「３歳になるうちの子どもが寒い日に裕見子さんが中継していると、ゆみちゃん風邪ひいちゃうよ、と言ってテレビに毛布をかけるんです。頑張ってくださいね。」

そんな、ある日―。
「うちの母がファンなんです。母は病気で寝たきりなんですけど、ゆみこさんの旅のコーナーを見ていると、自分も一緒に旅をしているような気持ちになるって喜んでいるんです。」
と声を掛けられました。
私の一生懸命な姿で笑顔になってくれる人がいる、画面を通してちゃんと伝わっていたんだ。そう思うと、胸がぎゅ～っと熱くなり、今まで以上に、取材やロケに力が入るようになりました。

そして１３年間、全力疾走した静岡の局を卒業―。
離れて暮らしていた夫の住む岐阜に引っ越してきました。

仕事づくしの生活から離れ、知り合いの全くいない街で、不安や寂しさが自然に湧き上がってきました。
そんな時元気をくれたのは、テレビから流れるアナウンサーたちの爽やかな笑顔やおしゃべりだったんです。自分の声で、自分の笑顔で、元気を伝えることができるアナウンサーの姿を、画面を通して見つめる私がいました。離れてみて、改めて気づいたんです。

「私、やっぱりこの仕事が好きなんだ。」

そして今、私は名古屋のラジオ局でニュースや天気予報を伝える仕事をしています。ラジオは画面がない分、今まで以上に「声で勝負！」。一生懸命な声は必ず届くと信じて、新人アナ時代以来の、でもとても心地よい緊張感に包まれて働いています。

私の声で、私の笑顔で、
誰かに元気を伝えることができたら。
誰かの今日を、ほんの少しでも応援することができたら。

静岡時代にいただいた手紙やメールを心に、
新たな土地でのチャレンジは、まだ始まったばかりです。

原田裕見子　35歳

おばあちゃん、大好きじゃけぇ

7:00	起床
9:00	出勤・申し送り
14:00	レクリエーション
18:00	夕食のお手伝い
20:00	帰宅
24:00	就寝

社会福祉士

僕の夢の始まりはほんの小さなこと。

父と母は共働きで、僕はもの心ついた時からいつもおばあちゃんと一緒にいた。おばあちゃんは小さな妹をおんぶし、僕の手を引いていろんなところに連れて行ってくれた。小さな僕にはその外出が楽しくてたまらなかった。

僕が高校生になり、頼りがいのあったおばあちゃんは、腰が曲がり僕より遥かに小さくなっていた。「よう働いてきた証拠じゃろ！」

と自慢げに見せてくれた手の平も、その頃には小さく感じた。
高校３年生の冬、僕は京都の大学に合格し、福祉の道に進むことになった。「おばあちゃんが、歩けんようなっても、しゃべれんようなっても、食べれんようなっても、僕がおるけぇ、安心してな！」と言う僕を、「おばあちゃんはまだ心配いらん。野菜も作るし草取りもできる。あんたが元気でやることを考えね。」と言い送り出してくれた。
その４年後、今の職場の採用試験の日、おばあちゃんは亡くなった。急に体調を崩し１０日ほど入院した末のことだった。僕の夢は「大好きなおばあちゃんの面倒をずっと見てあげられること」だった。

今の仕事に就き、必死に仕事を覚え、必死で介護をした。でも、必死で介護をすればするほど、その人たちの心が自分から離れていくようだった。そんな時、一人のおばあちゃんが「お兄ちゃんこんなに汗かいて、風邪ひいたらあかんよ。体だけは大事にしぃや。」と笑顔で僕の頭を撫でてくれた。僕はその時初めて、自分の夢など忘れてしまっていることに気づいた。人としてではなく、仕事としてしかその人たちに接していなかった。僕は、とても恥ずかしく、申し訳ない気持ちになった。
それから約４年、小さい頃、僕がおばあちゃんにもらった楽しい時間のお返しができるのが今の仕事だと思っている。今、僕の『おばあちゃん』は６０人。そして夢もあの頃の６０倍。この夢はこれからもどんどん膨らんでいくだろう。

「おばあちゃんが、歩けんようなっても、しゃべれんようなっても、食べれんようなっても、僕がおるけぇ、安心してな！」

小谷雅敏　27歳

しおりのふっくら大作戦☆

6:00	起床 愛犬ししまるのごはん
7:15	出勤・着替え
11:30	昼食の配膳
13:30	お昼ご飯 (その日の献立)
17:00	夕食の配膳
19:30	帰宅・資格の勉強
24:00	就寝

栄養士

栄養士として働き始めた頃、一人のおじいちゃんと出会った。そのおじいちゃんは、食事をとる意欲が無かった。「味がしない」「味を感じない」「食べたくない」。私は他の栄養士やナースと相談しながら、毎食、食べやすそうなメニューを考え、出してみた。冷奴、煮野菜、アイスクリーム…。少しずつ痩せていくおじいちゃんに毎日会いに行き、食べ物の話、奥さんの話、私の話…。いろいろな話をした。

ある時、おじいちゃんが「冷たいサラダが食べたい」と言った。私は急いで調理場に戻り、ポテトサラダを持って走った。食べようとしたおじいちゃんが「噛めない…」と言い出した。私はサラダを持って走った。調理場に戻り、ポテトサラダをペースト状につぶした。そして、また走った。おじいちゃんは満足そうに「美味しいです」と笑ってくれた。走る途中、「今、私は仕事やし仕方ないし、走ってるんとちゃうな。今、"食べさしてあげたい"一心で走ってるわ」と感じた。栄養士にとって、何年働いても、どこで働いても、一番大切なのはこの気持ちだと思う。

働き始めて1年3ヶ月たった今、仕事は何倍にも増え、食べにくい人も、食べられない人もたくさんいる。職場には年配の人が多く、人間関係が大変なことも多い。時々嫌になることもある。でも、「おいしい」と思ってもらいたくて、「食べやすい」と感じてもらいたくて、少しでも食べてもらいたくて…。職場の人たちとみんなで作り上げた料理を、確実に提供することに"やりがい"を感じている。

初めて会った時より、少しふっくら太って頬の赤いおじいちゃんを見ると、とても満足だ。今、私は栄養士の仕事、「いいぞ☆」と思える。

太田詩織　24歳

よっ！日本一の公務員

- 6:00　起床・読書（トイレ内）
- 7:45　徒歩で出勤
- 8:30　事務
- 17:30　徒歩で帰宅
- 19:30　インターネット web日記・メルマガ配信
- 22:30　就寝

地方公務員

地方公務員という仕事は、夢のある面白い職業だとつくづく思う。

一般的に「休まず、遅れず、働かず」の代表的な職業として挙げられる公務員と、私が２５年以上机を並べてきたからこそ感じる公務員は、かなり違う。私が思うに「働かない公務員」なんていない。ただ与えられた仕事に対する姿勢が違うだけであろう。「失敗しないためには」と考えるか「成功するためには」と考えるか、の違いである。どちらも「住民の幸せを願って」という大前提は変わらないはず。その行動判断として、危険を回避するか、あえて挑戦するか、に分かれるだけ。せっかく公務員になったのだから「あえて挑戦する」を選んだ方が、一生の仕事として「充実感」がある、と考え、私は行動しているにすぎない。

３４歳の時、企画係長として「町の総合計画策定」を任された。いわばその町のバイブルというべき計画だが、住民の声を聴かなくては現状分析もできないと、日々地域に足を運んだ時、私の予想をはるかに超えた「わが町を愛している住民」と出逢った。それ以後、この人たちの「この町に住んでよかったぁ」という声が聴きたくて、失敗を恐れず、がむしゃらに新しいことに「挑戦」してきた気がする。

地方公務員とは、世界を動かすような大きな仕事や何十億という単位の仕事をしなくても、住民サービスの最前線で、住民と接しながら、地域の問題を解決していく喜びを感じることができる仕事であると、公務員を目指す若者には伝えたい。奉職２５年を過ぎたが、おそらく退職まで地域住民と「泣き笑い」しながら、私は挑戦し続けるだろう。

これからも公務員の仕事に誇りを持って生きていきたい。

下山義夫　49歳

心を訳す

7:00　起床
9:00　現場入り
13:00　午後のセッション
19:00　帰宅
21:00　勉強（資料読み・単語帳作成）
24:00　就寝

通訳

　小学校１年生の時、初めて海外に引っ越し、言葉が通じない状況で必死にもがいて、"英語"という道具を身につけながら友達を作ったのが私の夢の原点です。日本に帰国すると今度は"外人"と罵《ののし》られ、子どもだけでなく、教師からもいじめられました。言葉が通じるのに、人とちょっと違うだけでこんな仕打ちが待っているのかと絶望しました。そんな体験から、人が理解し合うことの難しさや、辛い中でも自分は自分でいいのだという強い心を学びました。そして"私"

という人間をわかってもらい、相手にも心を開いてもらいたい、お互いに理解し合いたいという願いを持つようになりました。

通訳という仕事は、話している人の意図を読まなくてはなりません。「おお！こう来るか！」「なぜこんな発想が可能なの？！」など、いろんな人の頭の中をのぞくことができ、毎日が新しい発見です。時には宗教から慰安婦問題など、悩んでしまうテーマもあります。議論が白熱して険悪になってしまっても、冷静に対応しなくてはいけません。しかし、誠実に通訳をしていくと、当事者の方から「相手の言いたいことがよくわかったし、きっと私の言いたいこともちゃんと伝わっているのだろう。平行線ではあるが、意味のある議論だった。」などと言葉をかけていただくこともあります。まず自分の考えを伝えようと努力する、相手の話を理解しようと聞く、そして議論するということが大切だと痛感しています。それができなくなると、国同士であれば戦争や紛争、人間関係であれば差別、暴力やいじめなどにつながるのではないかと思います。人と理解し合いたいというミクロな夢は、実はすごくマクロな夢になるのだなとこの仕事を通じて感じます。

通訳は、電話帳数冊分の資料を読んだり、各地を飛び歩いたり、本番の緊張感に押し潰されたりと、とてもハードな仕事です。しかし、大きな世界のために微力ながら私にもできることがあるのです。だから、通訳という職業をやめられません！

心通い合う世界に向けて少しでも役に立つことが、私の仕事であり、私の夢だと思っています。理解し合いたいという気持ちが、きっとこの世界を変えていく。私は、そう確信しています。

平井美樹　35歳

本当の日本を探しています

- 7:00 起床
- 8:30 子どもを保育園に送る
- 9:15 出勤・エスプレッソを飲む
  メールの返信
- 13:00 業者との打ち合わせ
- 14:00 図面の作業
- 23:30 最後のメールチェック
- 24:30 就寝

建築家

大学卒業後、自分の道を探そうと母国イタリアから離れて、ニューヨークでの設計事務所勤務を経て日本に来ました。来日して最初の印象は、建物や衣類などの外見は西洋と大きく変わらないと思ったら、「木」に近づいてみると「竹」でした。「白い鳥」をよく見ると不思議な目を持つ「サギ」でした。イタリア人の私にとって異国情緒溢れる美しい日本に心をとらえられ、ここに落ち着くことにしました。

四季の変化を素直に受け入れ自然と共存しようとする、優美で奥深い日本の伝統建築に私は魅了されて止みません。しかし残念ながら、現在の日本はスプロール現象※により、住みにくい街になっているように感じます。難しいかもしれないですが、私は諦めずに日本の街本来の元気を取り戻すお手伝いをしたいのです。

「家を建てる」事は街の一部を作る事です。曾《ひい》おじいさんたちが当たり前としていたように、季節の移り変わりや材料の特徴を熟考し、インテリジェントな家を作りましょう。すでに存在する既製品の中から選ぶ事に慣れてしまわず「本来の目的」を探しましょう。例えば「アイランドキッチン」という名称で選ぶのではなく「手打ちパスタが作れるキッチン」にしたい、という風に視点を変えると本来の目的が見えてきます。「本来の目的」や「内面」を再認識する事で、人の心を豊かにする家作りができると思います。そしてそれは環境や風土を大切にし、周りの家や自然との「調和」のとれた街作りに繋がるのです。

日本に住む皆が、素晴らしい日本的なアイデンティティにプライドを持って生活できれば気持ちがもっと満たされ、深刻な環境問題の減少へも繋がるでしょう。「スタイル」への先入観を失くし「内面を大切にする」インテリジェントな日本の街を作る事、それが私の夢です。

ヤコポ トリーニ　36歳

※スプロール現象：都市が非計画的に無秩序に広がっていくこと

続ける理由

- 9:00　起床
- 11:30　お店に到着
- 13:00　ディスプレイチェック
- 17:00　接客メイン
- 22:00　帰宅
- 25:00　携帯でゲームしながら寝る

ショップ店長

つい３ヶ月ほど前まで仕事を辞めたいと思っていた私が、今も続けている理由。彼とそれなりの生活ができる結婚がしたいから！ま、こんな安易な理由だけだったら、もうとっくに足を洗ってると思う。夜は遅いしお金は貯まらない。本当に貯まらない！！（笑）でも、思い悩んで仕事情報誌を見ていた時、私には今の仕事が一番楽しめるし、自分に合ってるのかな、と思った。それが、今私が仕事を続けている理由。

　去年、店舗異動があり、前の店より規模の小さい店に異動となった。一般的に見たら降格人事。でも、今新天地で仕事をして気づいたことは「役職や格、体裁じゃない。自分に合った仕事のペースで、自分らしく仕事ができるかどうか」。かっこよく書いたけど簡単に言ってしまえば、私にとって前の店舗はキャパオーバーやったんやなぁ。今その店を、私の部下だったスタッフが店長を張ってて成功している。彼女より経験の長い私が結果を残せなかったことが、かなり情けないけど、それだけ当時の私の覚悟や努力は足りなかったのだと思う。今の店に異動して、ある意味今の私には後がない。他人からすればしんどい考え方かもしれないけど、こんな考え方ができるのは、きっとこの仕事を好きだからだと思う。『好きこそものの上手なれ』なんてことわざがあるけど、不器用な私は、物事が上手くこなせるようになって初めて好きになることも少なくない。この仕事も今になって、それなりに全てがこなせるようになって、周りが、自分が見えてきて好きになってきた。続けるメドがたってきた。

　将来は、彼と仲良く夕飯の買い物に行けるような夫婦になることが夢だけど、そうするには先立つ物が必要。この仕事してたら、本当にしつこいけどお金は貯まらないんだけど、きっと一瞬で１００万円貯まるような仕事があっても、私は今の仕事で将来設計をする気がする。それは、この職場が何の取り柄もない自分に、少しの自信を与えてくれたからなのかもしれない。３ヶ月前、辞める選択をしなくて良かった。また毎日コツコツ仕事の楽しみを見つけながら、早く家庭に入れることを願いながら、自分らしく働けますように。。。

河合玲子　26歳

みなさんもご一緒に

5:00 起床
5:40 出発(鹿児島発)

13:30 長崎にてレッスン
18:30 福岡にてレッスン
20:30 帰宅
21:00 トレーニング(60分)
26:00 就寝

ウォーキング講師

小さい頃の夢は体育教師と有名人でした。高校、大学とスポーツに明け暮れ、自分は体育教師になるものだと思い、着々と体育教師への道を進んでいました。しかし大学に入って視野が広がるうち「何かを成し遂げたい」という夢が湧いてきていました。そしていよいよ就職活動というとき、かなり悩みました。「自分の力で何かを起こしてみよう」と決断はしたものの、これというものがなかったからです。一つだけはっきりしていたのは、スポーツに関わることをしたいということでした。考えた末、身体に関する職人になろうと、そう思いました。

その頃、読んでいた本にデューク更家の本がありました。私にとってデューク更家は憧れでした。ウォーキングという日常のことに目をつけ、誰もしたことのない方法で人々を健康にしていく。そして何より人に喜ばれている。

ある日、テレビをつけるとデューク更家が出ていました。そこには弟子も映っていて、その瞬間思いつきました。今すぐデューク更家にはなれないが、習うことはできるのではないかと。この人の技がほしい―。番組が終わると同時にデューク更家について調べ、すぐに連絡をし、気づいたら弟子になりたいと言っていました。東京に行ったこともない私が、３日後にデューク更家の前に立っていました。

それから４年、あの日弟子入りを果たしたことをきっかけに、今では資格も取得しウォーキングを教えています。安定した仕事ではないですが、自分の信じた道なので諦めたくない。自分が楽しめる仕事をして、人に喜ばれることが一番です。ウォーキングを通して多くの人に喜んでもらえるよう、私はずっと夢を見続けていこうと思います。

今村大祐　25歳

やっぱり車が好き

7:30	起床
8:55	出勤・掃除
9:20	朝礼・午前の仕事
13:00	午後の仕事
20:00	帰宅
23:00	お風呂
24:30	就寝

自動車整備士

学生時代スタンドでバイトをしている時、可哀相な車に出会いました。メンテナンスされず、エンジンルームが、油と水が混ざり合ってバターみたいになっていました。そんな車を直してあげたいと思ったのが、整備士になろうと思ったきっかけでした。

私は車が好きでした。ですが、仕事は仕事、趣味は趣味と思っていた私は、ＩＴ関連の短大に通い、もちろんそのままＩＴ関連の仕事をしようと就職活動を行っていました。しかし、就職試験の最中に「やりたい仕事ではない」と気づいた私は、結果も聞かずそのまま整備士になりたいことを母に伝えました。母は、私の年齢の頃そんなはっきりした夢が無かったという話をしてくれ、「あなたが見つけた夢なんだから。」と応援してくれました。しかし父には、車を直したりするのは男の仕事だと反対されました。どうしても諦めきれなかった私は、整備士になりたいという気持ちを懸命に伝えました。時間はかかりましたが、父は私の夢を理解し応援してくれ、学費を援助してくれたのです。

今、私は整備士として働いています。働き始めて、今の自分に満足することはあまりありません。父が言った通り、男の人には普通でも、私では力が足りず落ち込むこともあります。しかし、整備士に必要なのは力だけではありません。それ以外での技術を高めていけることを目標として頑張っています。これから何年も働く上で、自分がどれだけの技術を身につけられるのか、どんな成長をすることができるのか、とても楽しみです。

毎日の目標や売り上げも、もちろん気にしないといけませんが、いつか、全ての車が元気に走る社会になるように…そんな夢を追いかけながら、日々の仕事を頑張りたいと思います。

所真里　24歳

私が、守る

- 5:30 起床・家族のお弁当作り
- 7:00 出勤
- 8:30 始業（資料作成）
- 13:00 会議・会議のまとめ
  工場との打ち合わせ
- 19:00 帰宅・子どもの迎え
- 23:00 就寝

ワクチン品質保証

小さい頃も学生の頃も、私は何になりたいのだろう？といつも考えていた。常に将来に不安を持っていた気がする。最初に入ったのは食品メーカーだったが、結婚を機に退職した。そして今、想像もしていなかったワクチンを作る会社で働いている。

まず会社の雰囲気に戸惑った。食品メーカーでは食べ比べ等をして感性を大事に働いていたが、今は異物混入の危険や衛生管理の観点から指定場所以外、何も食べられない。食いしん坊な私は、場違いな所に来てしまったと思った。そして食品と違い、ワクチンそのものを会社以外で目にすることがなく、凄く難しいものに感じて戸惑った時期もあった。そんな悶々としていた時に妊娠をした。娘が生まれて急に自分の仕事に魅力を感じた。市役所から届く予防接種の用紙。小児科に行けば、自分が見慣れたワクチンが丁寧な説明とともに医者から接種される。その年のはしかの大流行。予防接種の安心感をあれほど感じた時はなかった。ワクチンが近くに感じ、大切に感じた。

私の実際の仕事は、ワクチンを作るわけでも品質を試験するわけでもない。製造工程や記録の確認など監査的なことをする。職場の人からはあまり好かれない内容だ。でも監査から見えてきたことを指摘して改善がなされた時、絶対にワクチンはより良くなっていると思う。ワクチンが良くなれば、娘もその友達も、これから娘が出会うであろう友達も助かることがあると思いながら、毎日を繰り返している。

甘い話かもしれないが、仕事を変える機会は沢山沢山ある。特に女性にとっては、結婚や出産、色々な家庭の都合。私も一児の母となり、働き続けていることに疑問を感じる時もある。母として、妻としてきちんとできているのだろうかと。でも私はできる限り、勤めていきたい。頭がいいわけでもない、こんな私にもできることがある。ワクチンに携わる限り、医者でもない私が人の命を少しでも救えるのかもしれないと思うと、やりがいを感じるから…。

あまりいい話ではないが、交通網が発達して、人や物の移動が早くなればなるほど、新しい病気が広まるのも早い。もしそんなことが起こってしまった時、多くの人が少しでも安全でいられるよう、私は自分のできることを頑張り続けたい。

二階堂千恵　30歳

私の心、聴こえますか

6:30 起床

8:10 出勤（パート事務員の仕事）

17:10 帰宅・食事準備

18:30 再び出勤（通訳・研修・会議）

21:30 帰宅・夕食

22:00 次の通訳の調べもの

25:00 就寝

手話通訳者

手話を覚え始めた頃、聴こえない人たちと花見をした。
桜の下で飛び交う手話、手話、手話…。でもほとんど読み取ることができなくて、笑って誤魔化している自分がいた。とても孤独で、情けなかった。そして、気づいた。聴こえない人たちはいつもこんな思いをしているのだ、ということに。

聴こえない子どもたちは、言葉を習得するために厳しい訓練を受ける。例えば先生の咽喉《のど》に手を当てて音の響き方を感じたり、顔の前に布や薄紙を垂らして吹くことで息の出し方を覚えたり、家中の物にその名前を書いた紙を貼り、上手く発音できるようになると剥がしていく、等。聴こえない人たちは聴こえる人たちと共に生きるために、こんなにも苦労をしているのだ。ならば、聴こえない人たちと共に生きるために歩み寄る、聴こえる人間がいたっていいじゃないか、と思った。

背中を押してくれる仲間がいた。手を引いてくれる先輩がいた。だから手話通訳者になることができた。まだまだ未熟な通訳者だから、へこむ時もある。何もかも投げ出してしまいたくなる時もある。だけどそれでも辞められないのは、聴こえない人たちを裏切れないから。

信頼される手話通訳者でありたい。必要とされる手話通訳者でありたい。そして何より、聴こえない人たちと共に生きる手話通訳者でありたい。それでもいつか、手話通訳を辞める時が来るだろう。その時がきたら「何故辞める？」と手話で問い、「長い間お疲れ様」と手話で労ってくれたら嬉しい。共に生きてきた時間を振り返るように、いつもの手話で。

それが駆け出し手話通訳者としての、私の夢。

尾関恭子　44歳

これってきっと「夢」なんだな

8:20	起床
9:20	出勤・朝礼
10:30	取材・インタビュー
14:30	帰社 下版作業
24:00	帰宅
26:00	就寝

編集長

人が夢を見ると書いて「儚い」。そんな風に肌で感じることが多かった２０代から、３０代に入ってなんとなく「この雑誌で誰かがほんの少しでも喜んでくれたら嬉しい」と、そう考えるようになりました。それが、７年間勤めてようやく見えた「夢」だと思います。

私の仕事は京都のタウン情報誌の編集長。毎月、グルメなどの情報を読者にお届けしています。締め切り間近は、まるでドラマのように夜な夜な働いたりします。どうやったらこんなに仕事が湧き出てくるのか…と思うほど。でも、向こう側にいる読者のことを思うと、「やっぱり頑張ろう」と思えるのは不思議なものです。もしかしたら、この小さくてほんわかした「夢」のおかげかもしれません。

今の会社に入った頃は、目の前の仕事だけで毎日が瞬く間に過ぎていきました。先輩の独立などを横目で見ている間に、いつの間にか副編集長に。そして4年後、遂に編集長へ。「ずーっと自分がやってきたんや、編集長になったらええ」という温かい社長たちの言葉を受けて、晴れて編集長にしてもらいました。といっても相変わらず、のほほ〜んとやらさせてもらってますが…。

そんな私ですが、「あのお店の店長さんと仲良くなった」「美味しい料理で、素敵な日になった」とか、たくさんの人から「ありがとう」と言われるようになるにつれて、ようやく自分の仕事の意味が頭だけではなく、カラダ全部で理解できるようになりました。

それからでしょうか。「この雑誌を見て、どこかレストランに行って、そこで楽しく過ごせたり、思い出の店になったり、そこで出会った人に新たな絆が生まれたりしたら、どんなにいいだろう。誰かの素敵な思い出のきっかけ作りが手伝えたら嬉しいなぁ」と考えるように。

京都で普通に暮らす地元の人たちの毎日にとって、少しでもハッピーになるエッセンスがある雑誌になってくれれば、読者の人生にそっと寄り添える雑誌ならステキだな、と。それってきっと「夢」なんだなと、今頃ですが思っています。こうやって、働き続けて見えてきた「夢」を持ち続けていられれば幸せです。そして、この雑誌に関わる人たちがそう思ってくれたら、もっと嬉しいことだと思っています。

加藤純子　35歳

一緒に餅でも食べながら

5:00	起床 パソコン操作
9:30	出勤
10:30	東尋坊でボランティア パトロール開始
17:30	帰宅
21:00	就寝

自殺防止NPO代表

鉛色の空と荒れ狂う日本海の荒波というイメージがある福井県・東尋坊の水際で、自殺防止活動を開始して早４年が過ぎようとしています。この荒波に浸食された嶮《けわ》しい海抜２５メートルの岸壁の上から、人生の最期を迎えるために佇《たたず》む人が後を絶ちません。

警察官として４２年間を勤め上げ、最後の１年間の勤務地が東尋坊を管轄する三国警察署（現・坂井西警察署）でした。その時、２１人の自死者と７０人もの自殺未遂者と遭遇してしまったのです。何故…、誰が…、残された者は…、などと問答し、一人ひとりからお話を聞いていた時、「本当は、みんな生きていたいんや…！」と叫ぶ声が聞こえてきたのです。

それなら私の残りの人生をこの人たちのために捧げようと思い立ち、私費を投じて水際に活動拠点と相談所を兼ねた、茶屋『心に響くおろし餅』を設立し、仲間を募って毎日のように岩場をパトロールしています。今日までに１２９人の人生に疲れている人たちと遭遇してきました。今日まで辛かったんでしょ…！　もう、大丈夫ですよ…！私たちが何とかします、あなたの今後の長〜い人生の何かお手伝いをさせて下さい…！　その日から、遠く霞んで見える一点の光を目指して歩む人生のお手伝いをさせて貰っています。

岩場で、共に泣き、共に感激し、共に感動できる、こんな人生って…！「今、私は生きているんだ…！」と、肌で自分の人生を感じている日々を送っています。そしていつか、自ら命を落とす人がいなくなり、ゆっくりとした老後を迎えたいものです。それまでは、微力ながら水際で人生のお手伝いをさせていただこうと思います。

茂幸雄　63歳

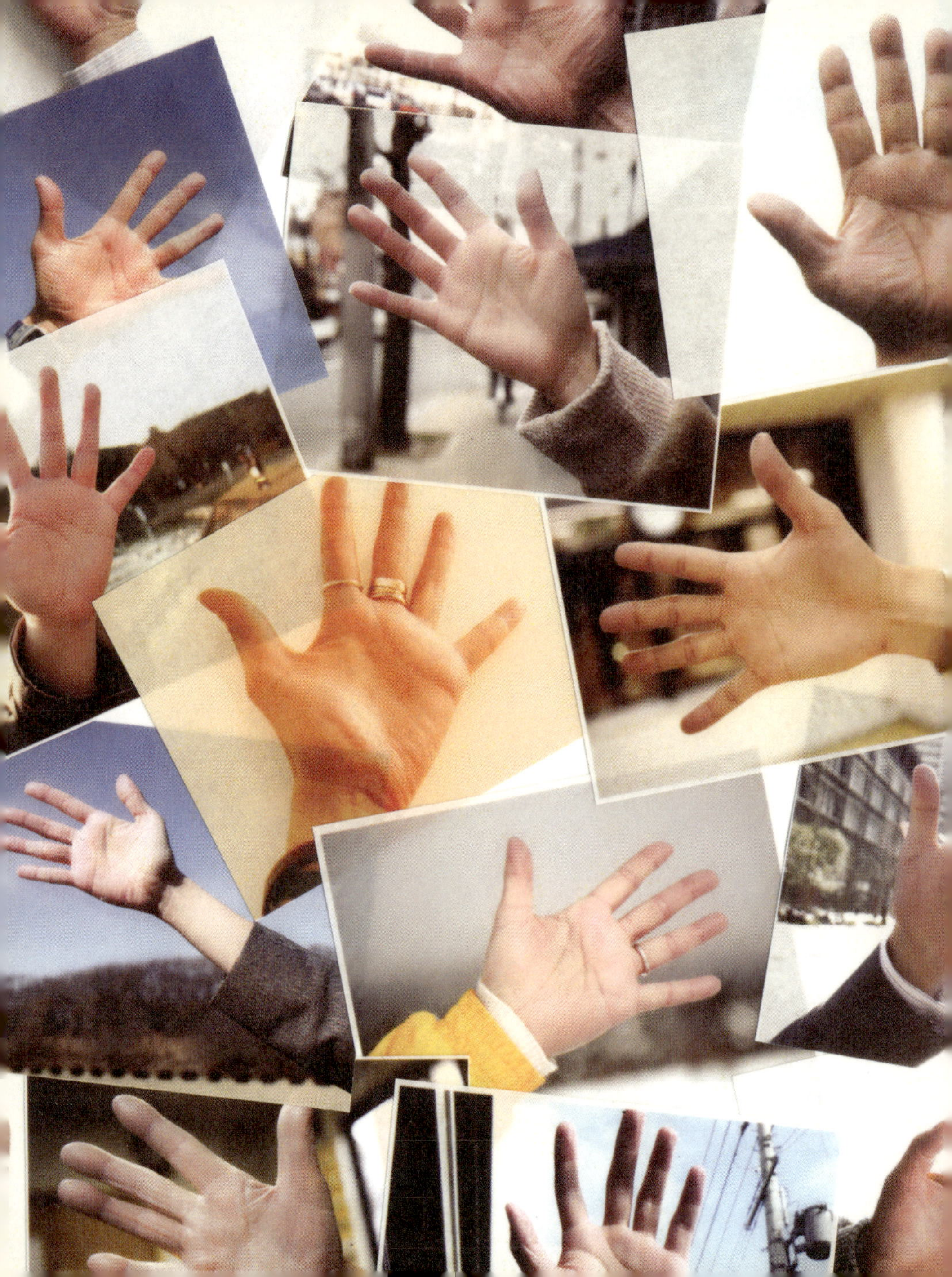

HANDS OF WORK

働く手はかっこいい

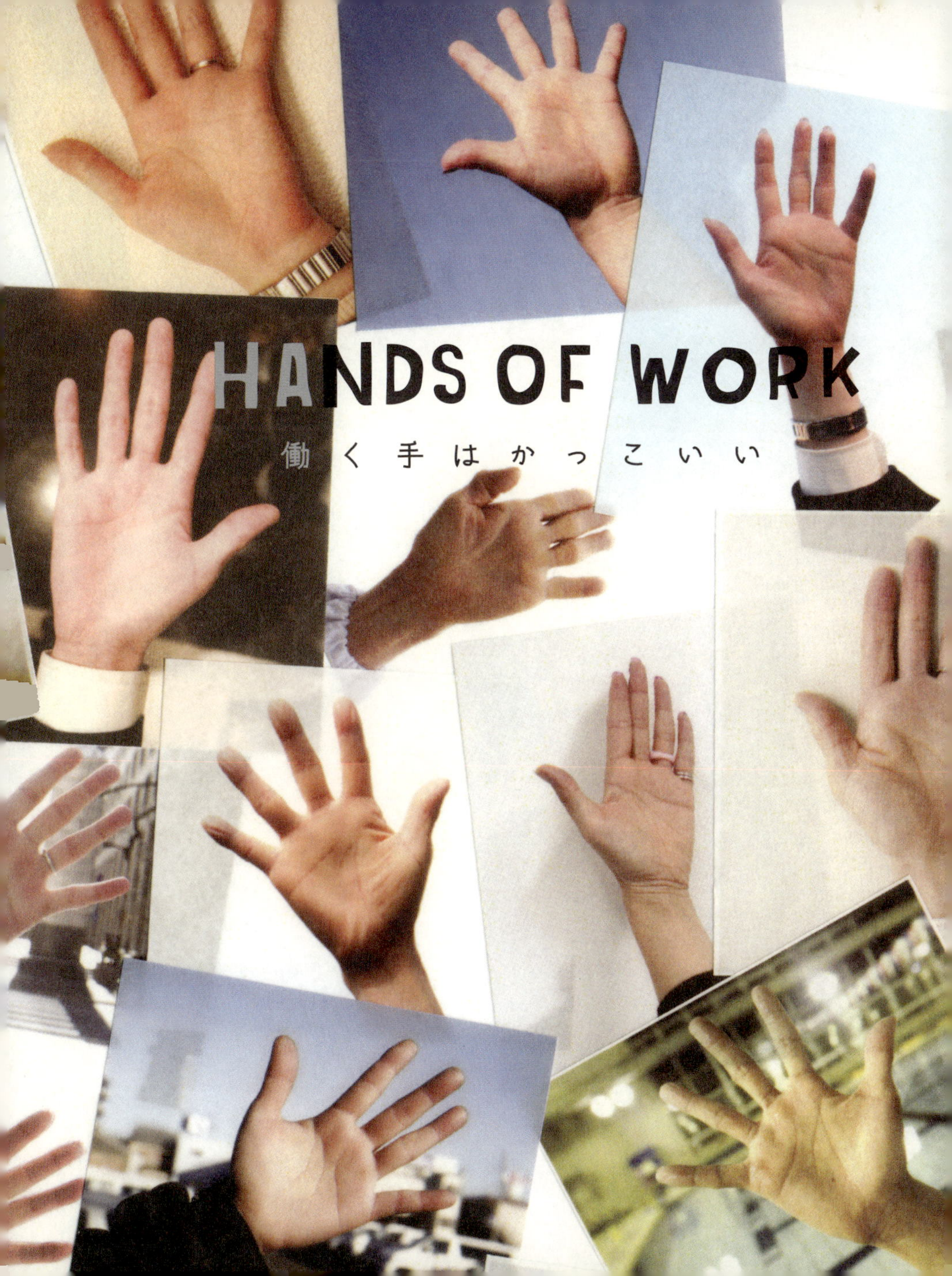

子どもたちと一緒に

幼稚園園長

5:30	起床
7:30	出勤
9:40	マイクで園児に運動指導
12:00	お昼ご飯
17:00	帰宅 メール送信
20:00	就寝

百歳で元気でいられるのはなして？とよく聞かれます。
園児の元気を素直に受け取る毎日が楽しいのです。
子どもの楽しみを共に喜ぶ気持ちだけで、生甲斐を感じます。

私が園長になった頃は、終戦後で金のない時代でしたが、
保護者や地域のみなさんの温かいお心遣いに支えられながら、
気がつけば、私百歳現職、八十年の実績を積むことができました。
本当に有難いことです。
みなさんに、子どもたちに、感謝しています。

学令前の子どもに学べば善悪区別がはっきり分かります。
この子どもたちと一緒に暮らしたら楽しい。
この世の極楽だと思う。

これからも、老人ホームでなく幼稚園で長生きしたいものです。

吉田サタ　100歳

8:00	起床 テレビやネットで情報収集
13:00	トレーニング
16:00	出勤 （ミーティング）
18:00	帰宅
20:00	仕事 （企画書・台本作り等）
26:30	就寝

水の導化師

水のサーカスはじまります

水泳選手の頃は、当然オリンピックで金メダルを獲り、世界新記録をつくることが夢だった。近いところまでは行ったんだよな。日本記録樹立、アメリカの大会で優勝、世界ランキングの４番目…。でも、１回目のチャンスの時はマンホールに落ちて怪我したり、２回目の時は代表選手選考会で緊張し過ぎて負けてしまった。３回目はもう自分の泳ぎ方は国内でも通用しなかった。

あぁ、人生って設計図どおりにいかねぇんだなぁ…。

選手を引退後、青年海外協力隊に参加した時も同じように思った。良かれと思って一生懸命働いても、思うように現地の人は動いてくれないし、文化や習慣の違いで自分の働きが悪い方に勘違いされたりする。

いや、その逆のこともあったな。

協力隊では、期待していなかったことが実現できたり、予想もしなかった大きなチャンスを与えてくれる出会いもあった。人生の設計図、夢の設計図どおりにいかないって、決して悪いことだけじゃないんだって、その時に思えた。だから座右の銘も「明日のために今がある」から「今やれることをやろう。その延長線上に明日がある」に変更した。

協力隊に参加して帰る途中、ニューヨークで無言劇を観た。その身体パフォーマンスに衝撃を受けて、オレは今「水の導化師」として１０年目を迎える。本来「道化師」と書くところを「導」としているのは、自分の水での演技によってお客さんを水辺へ導きたいという想いから。「泳ぎたくなった」「泳ぎ始めました」と、自分の演技を見てプールに行くようになった方からメッセージをもらうとやりがいを感じる。

幸い「プールでピエロ」という珍しさや『ウォーターボーイズ』の映画やドラマの水中演技指導というメジャーな仕事をしたおかげで、ラッキーな１０年間ではあったけど、次の１０年間で実現したいことが「水のサーカス」だ。

金メダリストや有名なプロスポーツ選手だけが、引退後タレントなどで活躍しているけれど、自分のようにオリンピックに行けなかった者や、成績が地味な選手が辞めた後は、急にその世界から遠のくか、裏方の場所を探さざるを得ず、いっぺんに目標を失ってしまう。けれど、どんなにオリンピックに行けなくても、大きな大会に出られなくても、水中を自在に動ける素晴らしい身体的パフォーマンスをする人はたくさんいる。そんな、すごい奴らがもう一度輝ける場所、それが「水のサーカス」だと思ってる。元スポーツ選手が輝くサーカスみたいな場所で、陸上でのサーカスでは実現できない、水ならではの演出アイデアを生み出し、驚きと感嘆と笑いに溢れたショーを創りたい。

「水のサーカス」の実現のためには、絶対に導化師が必要だ。導化師がいないサーカスは、単なる腕自慢大会に過ぎない。まずは自分が導化師として、役者も観客も一体となって輝ける舞台でショーを回せるように、今は経験を積み、腕を磨いている。それが今やれること。それを懸命にやる延長線上に明日があり、出会いがあり、夢の実現がある。

不破央　39歳

だって女の子だもん

アパレルデザイナー

6:30	起床
	シャワー・メイク
10:00	出勤・メールチェック
13:00	チームMTG
14:30	デザイン作業
19:30	退社
21:30	子どもとミルクちゃん(うさぎ)とのんびり
25:00	就寝

専業主婦をしていた時、前の会社の先輩のお誘いを受け、旧タカラに入社しました。仕事を始めて、リカちゃんの長い歴史や様々な背景を知り、自分もリカちゃんでごっこ遊びをしながら、慈しみの心や創造性が育った気がして、子どもたちの成長過程での人形遊びの大切さを感じるようになりました。毎日リカちゃんに携わったお仕事が楽しくて楽しくて、大変なことも全部楽しかったです。そしてもともと可愛い女の子らしいものが大好きだった私は、日本中の女の子がリカちゃんを通じて成長してくれたらいいなと思うようになりました。

しかしそんな私に神様はいろんな試練を与えてきたのです。クスン…。６年間もいた大好きなリカちゃんのドレスを作る部署から、突然違う部署へ異動。悩みながらもそこで一つの大きな成果を出した矢先に、会社の合併という大きな組織の変動でまたまた異動…。もう辞めようかと悩みました。そんな時、私を支えてくれたのは人と人とのつながりでした。私は周りの人に恵まれていたから、どんな時でも頑張ってくることができたのです。だからこそ、未来を担う子どもたちにも「人と人とのつながりの大切さ」を伝えていきたい。そしてその「人を大切にする心」を、バーチャルな遊びからだけではなく、五感を使って、感性を磨き、人を慈しむ優しい心を育ててくれるリカちゃん遊びから学んでいってほしいと思っています。

今私は、女の子のお洋服を、リカちゃんブランド「Licca」として展開しています。１９６７年に生まれたリカちゃんが女の子の永遠のアイドルであって欲しいと願いながら、たくさんの女の子に「Licca」のお洋服を着て成長していってもらえるように、今日もリカちゃんと一緒に頑張っています。

和氣聡子　39歳

8:00 起床
11:00 出勤・乗務の準備
14:01 こだまで東京へ
19:13 のぞみで新大阪へ
22:00 明日に備えて仮眠
5:20 起床
6:32 のぞみで東京へ
10:56 こだまで名古屋へ
15:30 帰宅
24:00 就寝

安全に目的地まで到着して当たり前。
時間通り目的地まで到着して当たり前。
１年３６５日、毎日運行して当たり前。
無事に目的地に到着しようが、
予定時刻と１秒と違わずに目的地に到着しようが、
３６５日１本の電車が欠けることなく走ろうが、
それが当たり前。

事故を起こしたら、
人の命を奪ってしまうことだってある。

新幹線車掌

今日も明日も出発進行

少しでも時間から遅れたら、たくさんの苦情をいただく。
３６５日無休、２４時間営業で
初日の出を職場で見ることなんて普通だし。

少しのミスが、たった１分の遅れが、たった１本の運休が
お客様の信用を裏切ることにつながる。
何十年も安全に時間通りいつでも走らせていても、たった１度の
ミスが今までの積み重ねなんてまるでなかったかのようにしてしまう。
報われない仕事かなって思ったこともある。
少しぐらいはって思ったこともある。
でも妥協はできない。

「当たり前」のことを当たり前のように続けることが
いかに大変で難しくて、しんどいことかを知っているから。
「当たり前」のことを当たり前のように続けることが
いかに誇り高いかを知っているから。
「当たり前」がいかに素晴らしいことかを知っているから。
新幹線が安全に時間通り毎日走り続けていることが
「当たり前」のこととして認識されていることが、
何よりも自分の誇りとプライドだから。

夢はなんですか？と聞かれたらこう答えます。

「これからもいつもどおり新幹線を走らせることです。」

そんなの普通だよって言われるでしょう。でもそれが自分の夢。
当たり前のことを当たり前のように。
安全に定時で毎日走り続けることが当たり前になっている新幹線を
この先もずーっと当たり前と思ってもらえるように。
それが自分の夢です。

今日も新幹線は走り続ける。

木村匡佑　24歳

天職ってやつかな

5:50	起床 お弁当作り
7:20	出勤
8:30	看護ケア
13:30	カンファレンス
14:00	看護ケア
19:00	帰宅
23:30	就寝

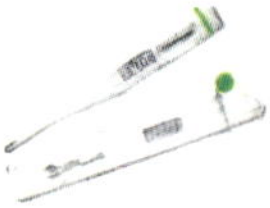

看護師

私は恵まれているのかもしれない。看護師として働き始めて３年。辞めたいと思った事はない。むしろ楽しくて楽しくて仕方がない。

間違っても綺麗な仕事とはいえないし、とても怖い仕事だともいえる。一つのミスが患者様の命に関わる事だってありうる。人の死だって身近に経験する。人が亡くなるのは何度経験しても悲しい。やるせなさを感じる時も多々ある。でも、辞めたいなんて思わない。入院されている患者様の苦しさや不安が少しでも減るようなケアができたらいいな。患者様を私たちに任せてくれているご家族が少しでも安心できて、嬉しい気分になってくれたらいいな。ただそれだけ。喜ぶ顔が見れたら、「ありがとう」なんて言われたら、やっぱり嬉しい。

けど看護は生きるための関わりだけではない。必死で命を助ける援助をしていても、状態が悪化し、ご本人やご家族が延命を希望されなかったら、その時点で看護の方針は「いい看取りができるように」に変わる。その時が一番辛いのかもしれない。その人の全てが詰まった人生の幕を下ろす時、家族に囲まれていて欲しい。綺麗な体でいて欲しい。苦痛は一つでも取り除いてあげたい。「いい最期」「いい看護」とは何か、はっきりとはわからないけれど、私は自分が納得のいく看護をしたい。

時々、看護師が私の天職ってやつかなって思う時は正直ある。けどそんな事とてもじゃないけど口には出せない。絶対あの陽気だけど厳しい主任に「あんたはまだまだひよこや」と笑い飛ばされる事が目に見えている。もっともっと勉強して経験して、いつかあの主任の前で「看護師は私の天職です」って堂々と言えるようになる事、それが今の私の夢かな。

山田紗代　25歳

お茶、飲んでいきませんか
6:00 起床、神棚、仏壇、恵比須棚へ茶をあげてごあいさつ
7:30 直売所開店の準備
8:30 茶畑で施肥作業・耕運作業
13:30 茶畑で施肥作業
18:00 片付け
21:30 就寝
茶園園主

１５年前、サラリーマンの安定していた職を離れ、思い切って、妻と３人の娘たちと静岡の田舎にＵターンした。誰かの下や、組織の中で仕事をする日々から離れ、独立して自分の考えで仕事のできる自立の道を選んだ。自然に逆らわず、あるがままの条件で農業をしたいという長年考えていた夢を追いかけ、お茶作りに取り組んだ。

毎年５月の新茶の頃を迎えると、待ちかねたお客様が、さわやかな５月の風の中を、お茶摘みや製茶の様子、鮮やかに黄緑色に輝く茶畑を見においでになる。こんな山の中まではるばる来て下さることに、いつも有り難く感謝で胸がいっぱいになる。どうか、私の育て製茶したお茶が、あなた様の健康のお役に立ちますように、あなたと周りの人が和やかにこのお茶を飲んで下さいますように。どうか私のお渡ししたお茶が、あなた様の幸せに一役買えますように…。お客様の背中を見て、拝みたくなるような気持ちになる。

今年のお茶は、今年だけのお茶だ。来年はまた違う気候条件で、違うお茶ができる。この畑のお茶はこの畑だけのお茶、このお茶を飲んで下さる方も、このお茶を手にした、たった一人の人なのだ。

お茶をいれる人といただく人の一瞬の出会いを「一期一会」という。どうか、私の作ったお茶に出会って下さった方がこのお茶を飲むときは、笑顔になれますように。大切な瞬間であることを思い、その瞬間が輝くものとなりますように…。私は今、一杯のお茶を通して、今を大切に、一瞬の今を大切に思うこころ、「茶心」という世界を伝えなくてはならないという、とんでもなく果てしない夢を持つようになった。誰の人生も、二度とない一方通行の「一期一会」の人生ですから。

石山貴美夫　53歳

ニッポン Ca Ca Ca！

8:00	起床
9:30	開店（店番） 配達ノートのチェック 商品発注
14:00	翌日分の配達ノート記入 配布チラシの準備
17:30	閉店
24:00	就寝

牛乳屋さん

私の家は牛乳屋です。祖父の代から８０年余り、地域の皆様に可愛がっていただいております。現在は両親、姉夫婦と私、そしてアルバイトさんで切り盛りしています。２年前、実家の仕事に転職して、いかに自分が実家の仕事を軽んじていたかということを思い知りました。子どもの頃から見慣れた商品でありながら、その知識はほとんどゼロ。申し送りのミスも多く、落ち込んでばかりでした。けれど失敗を繰り返す中で、気心の知れてくるお客様もいらっしゃいました。

店頭で冗談を言ったり、受箱に「いつもありがとう」とメモを入れて下さったり…。受箱を通して皆様とのつながりが少しずつ深くなっていくのを感じて嬉しくなった私。よぉし、お客様のご要望にもっと丁寧にお応えしていこう、これが信頼につながっていく…当たり前のことに少しずつ気づかせていただく感謝の日々。こんな毎日を、これから先もまだまだ続けたい。

　そして、体と心を支えるカルシウムのことを知れば知るほど誇りを感じます。だって私たちはお客様へ「健康をお届けしている」のですもの。

この１本の牛乳がお客様の骨を強くし、心も穏やかにしてくれる…。
この１個のヨーグルトがお客様のおなかの調子を整えてくれる…。
この１本の野菜ジュースがお客様の野菜不足を補ってくれる…。

　そんな想いを各ご家庭の受箱にお届けして、お客様の体が健やかに丈夫になって、ご家庭に元気な笑顔が生まれたら、素敵。そんな元気なご家庭が、お隣にも、そのまたお隣にも増えていったら、もっと素敵。そしたら元気な地域ができるなぁ。そんな元気な地域が集まったら…きっと元気な日本ができる…！そうなったら、本当に素敵。そのとき世界は、元気な日本を見てビックリするだろうな。うらやましいと思うだろうな。そしてそんな日本を見習っていくかもしれないな。

　お客様との大切なつながりである受箱、その受箱を通して広がる私の、私たち家族の想いは、紛れもなく「夢」だと思います。

　夢を叶えるために、これからも皆様のご家庭へ、健康と笑顔をお届けしてまいります！

津田倫子　37歳

今日も元気にいってらっしゃい

5:50	起床
7:45	家の掃除
8:25	パート出勤
13:00	帰宅 買い物に出る
16:30	夕食の準備
22:30	洗濯
23:30	就寝

主婦

今日も夫、息子２人を元気に送り出し私の忙しい一日が始まります。
朝は「今日一日家族が無事過ごせます様に…」と手を合わせ、
夜は「今日一日ありがとうございました」と感謝する。
私の想いは「なんて言ったって家族が一番！」

息子たち２人は小さな頃からプール、陸上、野球とスポーツをしています。試合には夫婦そろって、いつでもどこでも必ず応援に行っています。スポーツを通して一緒に泣いたり、笑ったり、悔しい思いもしてきました。その度に、夢に向かって一生懸命頑張っている姿を見て、いつのまにか私も同じ夢を追いかけていました。そのために私のできる事、食事の管理、体のケア等それなりに勉強もし、毎日家族のスケジュールを把握しながら家事仕事と充実した日々を送っています。
私は少しやり過ぎてしまうところがあって、息子たちに反抗される時期もありました。自己満足なのか？悩んだ時もありました。でも私の想いもわかってもらい、今もその生活は変わりません。無論、夫の手助けがあるから頑張れてるんだと思うけどネ！
周りの人から「もっと自分の時間を持てば？」とよく言われますが、いいえ！私は毎日が楽しくて充実しているんです！！

今、息子たちは、大学生になっても同じ陸上競技で夢を追い続けて頑張っています。私も息子たちと同じ夢をそっと後ろから『夢は叶う』と信じ追い続けています。「今日も一日家族が無事で過ごせました。ありがとうございます。」と感謝！

山本資子　50歳

心の中に残る美容師

7:30	起床
10:30	出勤
11:00	お店オープン ２１人前後のお客様をスタイリング
22:30	スタッフミーティング
25:00	スタッフと食事
26:40	帰宅
27:30	就寝

美容師

美容師は素晴らしい
漠然だけれどもずっと想っている夢
「心の中に残る美容師」

若い頃、自分のためだけに夢を追いかけていた
ある日、人のために夢を持って働いている人たちに出会った
それが美容師
表面は派手　中身は地味　だけど毎日同じことのない日々

長く通っていただいたお客様が亡くなった
遺言に僕の名前があった
「髪をもう一度きれいにしてほしい」と
本当にオシャレな方だった
亡くなった方をセットしたのは初めてで
唇を噛み締め涙をこらえて　精一杯の仕事をした
その後　感謝と悲しさで大声で泣いた

人の心に触れていける素晴らしい仕事
僕の夢は人の心に残る人　ずっとずっと…

スタッフにいつも伝えていること
心を洗う　心を巻く　心を染める　そして心を切れと…
人と触れ合う素晴らしさを知ってほしい
お客様の心の中にも　一緒に働いてるスタッフの心の中にも残りたい
ずうずうしい夢？？自分よがりの夢？
夢はたくさんあった方がいい　そのほうが幸せの数が増えていく

吉原健司　42歳

ついてこい、お前たち

ホスト

12:00	起床 打ち合わせ等
21:00	お酒と食事
28:00	就寝

４年前、新宿にお店を持ちました。自分のためだけにお店を出しました。夢や理想もなく流れでお店を始め、うまくいかないことだらけでした。過信していた自分に裏切られ、周りの人間に裏切られ、驚くほど自信も希望も失い、初めて自分が特別な存在じゃないって知りました。

立ち止まってしゃがんでしまっていたら、僕に向いている何本かの足に気がつきました。自分勝手な僕のそばに、何人かの仲間がいました。こんな僕に純粋無垢な目をして付いてくるなんて、本当皆バカです。僕は立ち上がり、こいつらと生きようと決めました。

社会に対してとか、ホスト界に対してとか、そんな大きなことは言えません。ホストという職業が社会のためになっているか？と問われれば素直にハイとは言えません。逆に悪影響を与えることの方が多いのが現状です。ホストが悪いことをするのではなく、悪いことをする人間がホストになるのです。これからも行き場のない少年たちがホストの世界にドンドン飛び込んでくるでしょう。なくなることのない世界だと思います。

でも、こんな僕に付いてきたバカたちに、僕は背中を見せたい。足跡を残したい。１０年間ホストをやってきた僕が、これからの未来の可能性を見せてあげたい。現状を卑下するのではなく、堂々と胸を張って、自分たちがいる今を頑張れるような道しるべになりたい。いや、ならなきゃいけない。それが僕の生きている意味で、夢なのだと思う。

両手を伸ばして手が届く人を、僕は幸せにしたい。

手塚真輝　30歳

6:30 起床

7:45 出勤・気象チェック
飛行準備

8:45 1便目離陸

11:10 2便目離陸

14:20 3便目離陸

17:30 帰宅

20:00 ウォーキング

23:30 就寝

パイロット

私がまだ１０代で飛行訓練を始めた頃、夢は国際線パイロットだった。空を飛ぶことより外国を飛び歩く華やかさに憧れていた。大手エアラインへの就職試験に失敗。自分の未熟さを後悔しても始まらない。アルバイトをしながら、それまで全く考えてもいなかった小型機業界に就職先を探した。何でもしますからと小さな航空会社に雇ってもらい、最初は飛行場の草刈りばかりやっていた。それでも飛行機のそばで働いていられるだけで楽しかった。次第に仕事を

夢はいつでも空の上

させてもらえるようになり、大きな拡声器を積んでの空中宣伝飛行、ＴＶドラマの撮影など、考えもしなかったような色々な仕事をした。

　飛び始めて２６年が過ぎた４８歳の時、夢の彼方に消えていた国際フライトができるチャンスがやって来た。会社で新型機を導入することが決まり、その飛行機の訓練をドイツで受け、その機体をドイツ人のパイロットと一緒に日本まで空輸してくることになったのである。１９９９年１０月７日の寒い朝、快晴のドイツを出発して、ギリシャ、エジプト、UAE、インド、スリランカ、タイ、マレーシア、台湾の各空港を給油のために経由して、鹿児島空港に降り立った。延べ飛行時間４２時間１０分、心躍る夢のような９日間だった。

そういえば死にそうになったこともある。飛び始めて５年目の頃、ある機器の開発のための試験飛行をしていた時、突然エンジンが止まって真っ逆さまになって、"アー、これが死ぬ瞬間か"と死を覚悟した瞬間があった。その時、女房のお腹には長女が宿っていたのだが、その一瞬の間に"アー、あの子は父無し子になってしまう"という思いと共に、それまでの人生の思い出が矢のように頭を駆け巡ったのを、今でもはっきりと覚えている。間一髪、草地の中に不時着し、機体もほとんど無傷で奇跡的にも事なきを得たのだが、そのあと足が震えて止まらなかった。

でも振り返ってみて、つらいと思ったことは一度もなかった。やは

り飛ぶことが好きだからでしょう、好きな仕事にめぐり会い、その仕事に就いて頑張ってこられたことは本当に幸運だったと思う。

　１０年ほど前にあるきっかけでパラグライダーを始めた。飛行機と違いエンジン音がない。風と上昇気流の力だけで飛行する、気持ちいい、鳥になったようだ。子どもの頃、とんびが飛んでいるのを見て「俺も空を飛びたいなぁ」と思っていたことを思い出した。今は仕事のために中止しているが、また時間に余裕ができたら、思う存分鳥のように飛びたい。やっぱり自分の夢は空の上である。

池長弘善　56歳

人生が終わる瞬間まで

7:30	起床
8:50	出勤・掃除
9:30	朝礼・ミーティング
13:30	似顔絵制作
21:00	お客様への手紙を書く
23:00	帰宅 ニュース、スポーツをチェック
24:30	就寝

似顔絵作家

始まりは７年前。京都の路上から。

生まれて初めて見ず知らずの人の似顔絵を描きました。散々な絵でしたが、渡した瞬間のお客様の笑顔、その笑顔がずっと心に残っています。それからも似顔絵を描き続け、気づけば大学４回生。内定をもらい、ほっとした時、会社を立ち上げた先輩から声がかかりました。

「うちで似顔絵事業部やろう！世界中に笑顔広げられるで！」

正直、似顔絵が仕事になるなんて思ってもみませんでした。本当に悩みました。でも、自分にしかできないことは何やろ？と考えた時、そうや！似顔絵や！と確信できたんです。僕は似顔絵の道を選びました。

一緒に似顔絵を描いていたアリサを誘い、たった２人の似顔絵事業部“ＷＯＲＬＤ１”が生まれました。２人で嬉しかったり悲しかったり、時々けんかもしながら駆け抜けてきました。飛ぶように時間が経ち、気づけば３年、社員１７人、学生作家も合わせると３５人の大所帯になりました。似顔絵を描く枚数も時間が経つほどに増えて、その度に似顔絵を通して多くの人に出会い、その出会いの数だけ、いやそれ以上にたくさんの笑顔と出会いました。

もちろんつらいこともあります。似てない！と言われることや、お客様の大切な日にお届けするため、しんどくても描き続けないといけません。でも、どんなにつらくても、渡した瞬間の笑顔や後からいただくお便りが全部喜びに変えてくれます。

僕の夢は、この笑顔を届け続けることです。一生、本当に、人生が終わるその瞬間まで、僕の全てをかけて似顔絵を描き続けたい。

笑顔がこの世界で少しでも多くの人に届くように。目の前の人を少しでも笑顔にできるように。それが僕の夢です。

笑達（川井達也）　25歳

Doctor Masuda

6:30	起床
7:30	出勤・カンファレンス
9:00	外来診療
18:00	乳腺カンファレンス
20:00	病棟回診
23:30	帰宅
24:50	就寝

医師

医師になって、４年目の春を迎えた。
いいや、医師免許を手にして、３年が過ぎた。
１年前初めて、ベッドボードの主治医の欄に、自分だけの名前があった。
嬉しかった、誇らしかった。研修医という隠れ蓑《みの》を失った。

何となく、日々の慌ただしさを無難に過ごせるようになった。
患者様の役に立ててる気がして、調子に乗って努力を怠ることもあった。
責められるのは自分であっても、傷つくのは患者様だった。
自分の仕事を怖いと思った。救急車のサイレンの音が不安だった。
自分の至らなさに押しつぶされそうになった。

支えてくれたのは共に悩む同期の仲間であり、夢から逃げ出さなくてすんだのは、こうありたいと思える大先輩の先生方の姿が目の前にあったからだ。だけど、いつも私に一歩を踏み出す勇気をくれるのは、患者様の笑顔だった。この道を進んでもいいんだよと、彼らが伝えてくれた。支えられているのは、いつも自分の方だった。

自分だけが忙しくって、いっぱいいっぱいで、休日もなくて…。
化粧っけのない自分の、荒れた肌と目の下のくまに、それでも力が及ばないそんな日は、泣けてくることもあった。
２７歳、誰かのお母さんであってもいいはずの歳。
寝に帰るだけの、散らかった部屋と冷たいベッド。
ソファーの上の積まれた洋服の山を見て、母親がぼそっとつぶやく。

これがあんたのストレス発散なら、お母さん、たまに来てたたんどいてあげるわ。
結婚してお嫁さんになってたら、きっと毎日楽しかっただろうなって愚痴ってみても、男の子には負けたくないって、どんどんどんどん、どんどんどんどん負けず嫌いが膨らんで、いい意味での女の子らしさをも失いつつある日常の中でも、自分にはこの道しか進めないことはわかっていた。
うちら、とことんかわいくないね。女医同士で笑い合い、慰め合う。
それでも頑張りたい、意地を張り続けたい何かを、いつも感じられてる幸せの中に、私たちはいるのだ。

増田、この手術をやってみろ。

体中から力が湧いてくる。笑顔を見たいと思う。一緒に喜びたいと思う。
ほんの少し、自分の存在価値を見出したいと思う。
私の夢は小学校の卒業文集に書き綴ったあの時から、今も現在進行形である。
笑顔を守れる医者になりたい。

医局の机の上には、小さなかわいい患者様からもらった、精一杯のありがとうの言葉がある。
彼女の瞳を、いつもまっすぐ見つめ返せる自分でありたいと思う。
そしていつか、そんなかわいらしい少女の、母親になりたいと思う。

増田紘子　27歳

目指すはオンブロードウェイ！

- **10:00** 起床
  愛犬の散歩
- **13:30** レッスン(教える方)
- **17:30** 別のスタジオでレッスン
  (教える方)
- **20:00** レッスン(受ける方)
- **23:30** 帰宅
  弟とダンスについて語る
- **27:00** 就寝

ダンサー

子どもの頃から好奇心旺盛で負けず嫌いな私は、幼稚園の時にすでに夢が5つぐらいありました。モデルに歌手に弁護士に…。中学、高校に進学して次の進路を決める時も、夢が溢れ出してなかなか決まりませんでした。悩んだあげく心理カウンセラーに決め、大阪に唯一心理学科がある短大に行くと決めた矢先、文化祭で友達と2人、当時流行っていた歌を勝手に私が振りを付けて歌ったんです。そしたら会場のボルテージが一気にヒートアップ！観てる人たちがみんな立ち上がって私たちの名前を叫んでました。その時、あっ！これじゃないの？って。終わった後も同級生や下級生、先生からも「すごく良かった」と言われ、やっぱりこれしかない！と決意し、最終の進路相談で「先生、私、歌手になります」と言いました。もちろん担任も親も猛反対。しかし私の決意は固く、2人の反対を押し切り進学も就職もせず、フリーターをしながら歌手になるためオーディションを受けに行ったり、歌の練習をしたりしてました。その当時、安室ちゃんやSPEEDと、歌って踊れる歌手が流行ってて、これは踊りもできないと駄目だと思い、ダンス教室に足を運んだんです。その時に出会ったのが、今の私の師匠です。この出会いがなければ今の私はないです。最初は週に1回通う程度だったレッスンが、2回、3回と増えていき毎日通うようになっていました。別にその頃はダンサーになりたいと思ったわけではなく、とにかく早くもっと上手く踊りたいと必死でした。余命わずかなのか？と思うぐらい一人で焦ってました。

そんな時、師匠の勧めでニューヨークに2週間行ったんです。初めてのニューヨーク。覚えた英語も通じない、マクドの店員にも舌打ちされるヘビーな街。注文するのも戦いです。早くしないと、次の人、とか言われますから！まっしかし劇場のチケットも片言英語で何とかゲットして、オンブロードウェイのショウを初めて観ました。

本当に凄かった！何が凄いかって？私流の言葉で言うと「なんしか凄かった」。ショウだけではなく舞台装置や劇場の雰囲気、お客さんも演出の一つのような、絵になる空間。あと、何といっても一番凄かったのは、出演者（ダンサーたち）。日本では感じたことのない本場の迫力に圧倒され、自然と涙がこぼれてました。

これや！私、この舞台に立ちたい！
私も人に感動してもらえるダンサーになりたい！！

今までの、「なりたい」とは違いました。雷が体に落ちたような衝撃でした。舞台を観た帰りなんて英語が通じなくても、悪そうな奴らに絡まれそうになっても全然怖くなく、難なくかわせました。燃えてたんでしょうね、きっと。近づいたら火傷しそうなほど。

それから、帰国するまでの２週間はどこにも行かず、ダンススタジオと劇場とホテルのトライアングルローテーションでした。日本に帰ってからも、バイトとダンススタジオと家のトライアングルローテーション。昼間空いてるスタジオで練習したいから、夜中に牛丼屋でバイトして、スタジオで少し仮眠して、踊って…。あの頃は凄くしんどかったけど、凄く楽しかった。日に日に曲と動きが一体になり、踊ってるって感覚が少しずつ重なって、それが舞台で快感に変わる。辛いこともいっぱいあるけど、その分味わえる快感のために私は踊ってるのだと思います。いつも、オンブロードウェイの舞台を想像して。

今は、ダンスの講師をしながら、行ける時はニューヨークに行ってオーディションを受けたりしています。ダンスを教える側になって学ぶこともたくさんありました。初めはたった一人だった生徒さんも少しずつ増え、今ではそれなりに生徒さんを持っています。自分の作った舞台で生徒さんたちが楽しそうに踊ってるのを見ると感動します。また頑張ろうって思いますね。

そう、私が頑張ってこれてるのは、私の周りの人たちの助言や応援があったからです。猛反対していた母は、何やかんや言いながらも、私の舞台の時は誰より早く来て列の先頭に並び観てくれます。オーディションなんかに受かったら、近所のおばちゃんや親戚に自慢しに行くんです。高校の親友たちは、私の舞台を毎回必ず観に来てくれます。ダンスの仲間もお互い刺激し合って向上してます。あとは師匠。師匠との出会いは本当に大きいです。ダンスだけではなく人間性も教えてもらいました。自己中の塊のような私を、叱ったり諭したりして成長させてくれました。師匠の口癖はね、「痩せなさい」と「ぐちぐち文句言ったり悩んだりする暇あったら踊りなさい」「言葉を発する前に一呼吸しなさい」です。最近はそんなに怒られませんが、この世で私が唯一、頭の上がらない方です。

そう思うと出会いって大切ですよね。私はたくさんの人や景色に出会うことによって、たくさんの色を吸収し、自分がどんどん色鮮やかになると思うんです。これからもたくさんの出会いを作り、更にたくさんの色をつけ、鮮やかに、美しく成長していきたいです。で、目指すはオンブロードウェイの舞台に立つこと！更に突っ走っていきます！！

山本麻代　29歳

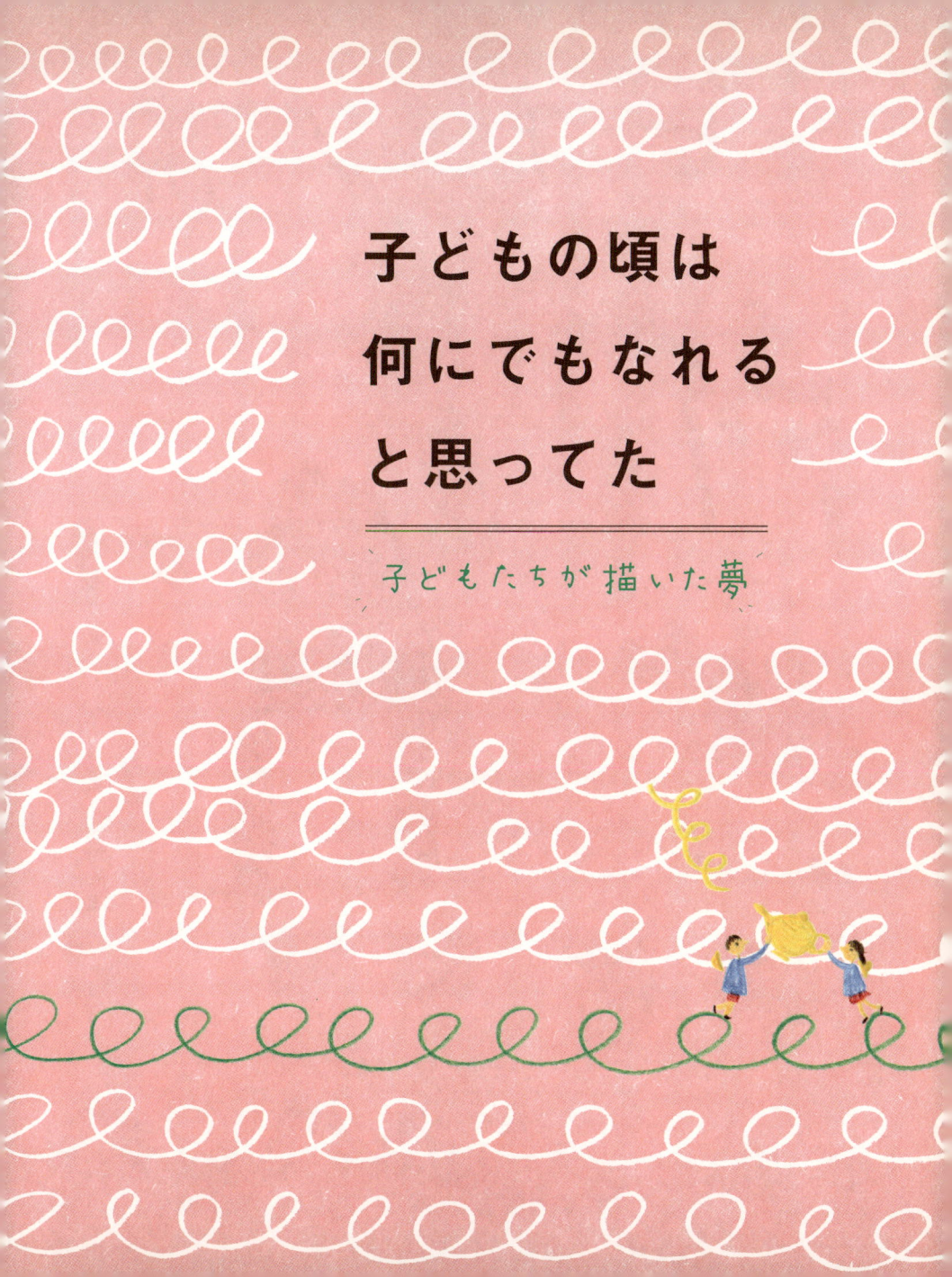

子どもの頃は何にでもなれると思ってた

子どもたちが描いた夢

ヒアノの

ピアニストになって
きれいなおんがくを
きかせてあげたい。

★やざきみるか　5歳児

ステごさうるス
プテらのドん
ムデブんさうるス

きょうりゅうはかせになって、かせきをみつけてきょうりゅうをよみがえらせる。

＊のまとうせい　5歳児

やきゅうせんしゅに
なってホームランを
うちまくる。

＊いわこしにいち　5歳児

スケートのせんしゅに
なって、オリピックに
でて、せかいじゅうの
ひとにみてほしい

★ あめたになすか 5歳児

いろんなしょくぶつを
そだてるひとになって
しょくぶつえほん
かくねん

★ むやりんたろう 5歳児

ワインやさんになっていっぱいうる

★いじゅういんふみのり 5歳児

かんごふさんになって、
びょうきのひとを
たすけてあげる

★ささのるり 5歳児

さいばんかんになって「あなたはろうやにはいりなさい！」っていうねん

→いしだみしょう ５歳児

夢を見つけた
きっかけって
何だろう？

働く人たちに聞いたきっかけ5《ファイブ》

働く人たちの きっかけ5《ファイブ》!!

気づかせていただきました。

夢は自分を知ることから、
そしてそれが積み重なって
生まれるんだってこと。
だから、33人の働く人たちから
夢を見つけたきっかけを聞きました。
その中から5つをピックアップ!

ウェディングプランナー・清水さんの
夢を見つけたきっかけ5

7歳　学年の代表で作文の発表をした。

→ **内気な子から活発な女の子に大変身！**

13歳　バレー部に入部。スポ魂ドラマ並みのしごきを受けた。

→ **すごい根性がつきました。**

17歳　兄の結婚式で感動。ウェディングプランナーという仕事を知った。

→ **人を笑顔にできる仕事がしたい！と思いました!!**

20歳　児童館・学童でバイト。大人数だと、一部の子だけをかわいがってしまった。

→ **1対1で向き合う方が向いているのかも…。**

21歳　バイトの先輩の一言。「接客業につかなきゃもったいない！」。

→ **自分には接客しかない！**

夢

一生に一度の幸せで
特別な一日を、一組でも多く
プロデュースしていきたい!!

ウェディングプランナー
清水美佳　26歳

花火職人・泉さんの
夢を見つけたきっかけ5

6歳 花火大会に行って心がわくわくしていた。

→ **花火ってすげ～！って単純に感動しましたね～。**

9歳 毎日大好きなサッカーをして夢中になった。

→ **やりたいことなら頑張れる性格でした。**

18歳 大学でサークルを立ち上げて、みんなが楽しむ姿を見た。

→ **みんなの笑顔を見ると、自分まで嬉しくなってました！**

21歳 就職活動をしてみた。

→ **本当に自分の心惹かれるものは花火や！**
と思い出したんです。

22歳 1年間見習いとして花火の仕事を体験させてもらった。

→ **たくさんの人を喜ばせたいと思った！**

夢

自分の打ち上げた花火で
一人でも多くの人を
笑顔にする!!

花火職人

泉宏樹　24歳

保育士・柳原さんの夢を見つけたきっかけ5

6歳 日々、「自分ルール」をつくり、死守する事に夢中だった。（マンホールは必ず踏む、とか）

→ **自分の決めた事に夢中になりやすい子でした。**

13歳 久しぶりの幼稚園訪問。先生が覚えてくれていた事に感動し、先生への憧れを思い出した。

→ **「保育士」になりたい！**

17歳 キャンプのリーダーをして、低年齢層にやたらとモテた。

→ **子ども相手の仕事が向いてる！と思いました。**

21歳 実習で子どものつかまり立ちの瞬間を見て、ものすごく感動した。

→ **やりたいことは「子育て」なんだ！そう確信しました！**

24歳 保育士としてのあり方に悩んだ時、担当児に「ねぇねになりたい」と言われ、ハッとした。

→ **子どもと向き合っていこうと心を決めました！**

夢

子どもたちから「なりたい」って言ってもらえる自分でいたい!!

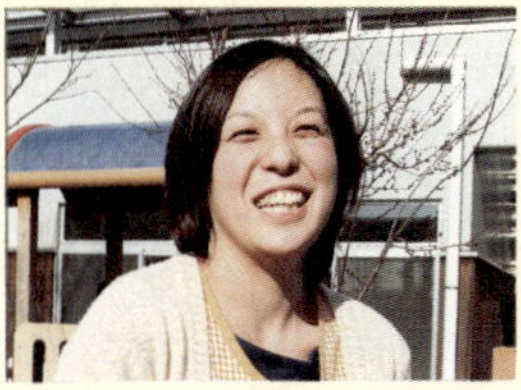

保育士
柳原美緒　27歳

投資会社 会社員・大佐古さんの夢を見つけたきっかけ5

2歳 スーパーのカートから落ちて地面に頭を強打。後遺症があるかもと宣告されるも復活。

→ **何か生きる使命があったのかもしれませんね。**

16歳 授業中は早弁とドカベン（漫画）に明け暮れていた。

→ **学校の授業には全く興味がありませんでした。**

19歳 黒澤明監督の「生きる」に感銘を受けた。

→ **情熱と意志を持って主体的に生きたい！**

20歳 政策や企業の戦略を議論するサークルと出会い触発された。

→ **社会を、自分を、変えたい！と思ったんです。**

22歳 サークル代表の自信を失っていた時、後輩に「先輩が代表でよかった」と言われた。

→ **人との対話を大事にする自分だからできることがある！そう気づかせてもらえました！**

夢 企業経営を通じて「社会に貢献した」と誇りを持って言える自分になる！

投資会社会社員
大佐古佳洋　27歳

保険営業・河渕さんの
夢を見つけたきっかけ5

14歳 部活の顧問が厳しくて悩むが練習を続け、突然いいプレーができるようになった。

→ **壁を乗り越えるから、成長できるんだと知りました。**

16歳 高校も野球部に入った。ピッチャーだったので、主に個人練習が中心。

→ **うまくなるためには、全部自分次第でした。**

22歳 社長が甲子園出場者だったということを理由に就職先を決め、3ヶ月で辞めた。

→ **基準は「野球」でした。**

24歳 レンタカー屋でバイトをするが、お客様を待つ仕事に物足りなさを感じた。

→ **自分からお客様に会いに行きたいと思うようになりました。**

25歳 結婚を決め、家族を背負っていく立場になった。

→ **営業という厳しい環境で、自分を成長させてやろうと腹をくくりました。**

夢

毎日自分と戦って、家族に大きな背中を見せることができる父ちゃんになる。

保険営業
河渕至高　26歳

学食のおばちゃん・伊戸さんの夢を見つけた きっかけ5

10歳 当時はクラスの級長は男！と決まっていたのに、なぜか女級長に選ばれた。

→ **女の私がなぜ？と驚きつつ、照れくさかった～！**

13歳 中学校でバイオリン部に入るが、上手な友達に負けたくなく、夢中になって練習に励んだ。

→ **元々夢中になりやすい性格なんですね～。**

34歳 近くに大学が新設され、会社の人に誘われて学食に勤務した。

→ **無我夢中になってやるしかない！と思いました。**

54歳 永年勤続20年を表彰された。

→ **家族や仲間に心から感謝しました。**

65歳 学生から「オバちゃんまだいるんや～、元気やの～。」と声をかけられた。

→ **まだまだ辞められません！**

夢 **これからも毎日楽しく、
学生さんたちに
喜んでもらえる
ごはんを作っていきたい！**

学食のおばちゃん
伊戸桂子　65歳

フリーアナウンサー・原田さんの
夢を見つけた きっかけ5

7歳
国語の朗読をほめられた。

→ **昔から朗読が好きな子でした。**

9歳
いとことケンカし、２駅分歩いて自宅に戻る。捜索願を出されそうになった。

→ **今思うと、変に根性がありましたね。**

19歳
初めての海外旅行でアジアに行き、日本との格差にカルチャーショックを受けた。

→ **自分が見聞きしたことを、自分の言葉で伝えたい！**

35歳
遠距離結婚していた夫と暮らすため、１３年間のアナウンサー生活を卒業した。

→ **誰も知らない土地で、不安で寂しかったですね。**

35歳
ふと、テレビの中のアナウンサーたちの姿を見て、元気が出た。

→ **私、この仕事が好きなんだ、と改めて気づいたんです！**

夢

私の声で、私の笑顔で、
誰かの今日を
応援していきたい！

フリーアナウンサー
原田裕見子　35歳

社会福祉士・小谷さんの夢を見つけたきっかけ5

0歳 電車が２時間に１本のド田舎で、おばあちゃんと出会った。

→ **小さい頃からおばあちゃんっ子でしたね。**

6歳 曾《ひい》おばあちゃんが認知症で、家族が介護していた。

→ **介護は自然なことだと思っていました。**

12歳 ウルトラマン、仮面ライダーなど、なりたいものはたくさんありました。

→ **いろんな夢を描く妄想少年でした。**

21歳 現場実習で、初めて介護の現場を体験した。

→ **介護の仕事は、
おばあちゃんたちの力になれるんだって知りました。**

24歳 介護をしていた時に、おばあちゃんに頭を撫でてもらった。

→ **夢を忘れてしまっていた自分に気づいたんです！**

夢

**大好きなおばあちゃん、
おじいちゃんをずっと
支えられる存在でいたい！**

社会福祉士
小谷雅敏　27歳

栄養士・太田さんの
夢を見つけたきっかけ5

5歳　将来の夢はバナナの叩き売り屋さん（バナナ限定）。

→ **バナナが大好きな食いしん坊でした。**

9歳　生まれて初めての忘れ物。ショックで家に帰って大泣きした。

→ **とにかく完璧主義でしたね～。**

18歳　バスケが本当に好きで、ずっと続けていた。

→ **バスケに関われる仕事＝スポーツ栄養士！？**
と思っていました。

19歳　バスケでごつくなった身体を見て、キレイに健康的にやせたいと思った。

→ **この頃から栄養と食事に興味を持ちましたね。**

23歳　就活の時、スポーツ栄養士になるのが難しいことを知り、考えた。

→ **スポーツに限らず、対象者の方とコミュニケーションを**
とりながら栄養指導・管理がしたいんだ！

夢

おいしくて食べやすいごはんを
作って、みんなの生きる
楽しみを毎日お届けしたい！

栄養士
太田詩織　24歳

地方公務員・下山さんの
夢を見つけたきっかけ5

4歳

海に落ちて死にかけた（らしい）。

→ **「今の人生丸もうけ」なんですよ、本当に。**

6歳〜17歳

聖火ランナーを見て憧れたり、万博で月の石を見て宇宙飛行士に憧れたり…。

→ **何にでも興味を示す夢見る少年でした。**

18歳

父が他界した。

→ **この時、とりあえず「夢よりも現実」、と思いました。**

20歳

成人式で代表スピーチをし、自分の言葉で泣く人がいた。

→ **人を感動させることに快感を感じる自分と出逢いました。**

34歳

町の総合計画策定を任され、町へ出た時「この町を愛している人たち」と出逢った。

→ **「この町に住んでよかったぁ」と思ってもらいたい!!**

夢

わが町を愛している住民と
一緒に泣き笑いしながら
挑戦し続けたい！

地方公務員
下山義夫　49歳

通訳・平井さんの
夢を見つけた きっかけ5

7歳 日本の小学校で、英語しかできない帰国子女が体験入学してきた。

→ **必死に話しかけるも、知っている言葉は“How are you？”だけ…。**

10歳 ２年間いたカナダから帰国。変な日本語だと、いじめにあった。

→ **少し言葉が違うだけで理解してもらえない辛さを知りました。**

11歳 登校拒否の私を力ずくで迎えに来た教師に、母が「娘は学校に行かせません！」と言った！

→ **どんな自分でも受け入れてくれる存在がいるんだ！**

18歳 翻訳・通訳のアルバイトを始め、やりがいを感じた。

→ **自分の性格に向いている仕事かも…。**

28歳 議論が平行線をたどっても、当事者の方から感謝の言葉をもらった。

→ **当事者の方の想いや考えを、正確に訳し伝える大切さを改めて実感しました。**

夢

大きな世界で、
言葉を通じて人と人とが
理解し合うお手伝いをしたい。

通訳
平井美樹　35歳

建築家・トリーニさんの夢を見つけたきっかけ5

0歳

両親とも建築家で、色鉛筆や建材のサンプルで遊んでいた。

→ **建築家が良くも悪くも身近な存在でしたね。**

4歳～6歳

ベストフレンドは女の子。男の子とはいつも大喧嘩していた。

→ **女の子の人気者！だったはずです…。**

22歳

親への反発から自分探しの旅に出た。

→ **建築家になりたい！そう心から思う自分を知ったのです！**

24歳

ニューヨークの美術館で「日本」と出会った。

→ **自分の想像を超えた日本の「上品さ」に魅了されました。**

25歳

来日し、日本の街が思っていたものと違った。

→ **日本の街を元気にしたい！そう思いました。**

夢

「内面を大切にする」
日本の街本来の元気を
取り戻すお手伝いをしたい！

建築家
ヤコポ トリーニ　36歳

ショップ店長・河合さんの夢を見つけたきっかけ5

3歳 ピアノの発表会の順番を待てずに舞台にあがり、即座に抱え降ろされた。

→ **ひたすら目立ちたい活発すぎる子でした。**

22歳 就活に挫折。「一番興味のない企業に意外と縁があるかも」と言われ、アパレルを受けるとすんなり内定をもらった。

→ **まさに運命なのかも…と思いますね。**

23歳 今の会社に入社。いきなり副店長になり、ストレスで入院。

→ **お金が貯まったら26歳で辞める！と心に誓いました!!**

25歳 大型店舗への異動。キャパオーバーになり辞めようか思い悩んだ。

→ **その時、やっぱりこの仕事が好きなのかも…と思いました。**

26歳 小型店舗へ異動。時間ができ、ゆっくりと物事を考えられる環境になった。

→ **自分らしく仕事をしていきたいと思っている自分に気づきました。**

夢

好きな仕事で毎日コツコツ
楽しみを見つけながら
自分らしく働きたい！

ショップ店長
河合玲子　26歳

ウォーキング講師・今村さんの夢を見つけたきっかけ5

7歳　皆が楽しんでるとき「楽しくない」と言って、父親から初めて手をあげて怒られた。

→ **「空気を読むこと」「楽しむこと」を覚えました。**

10歳　教壇に立って、嘉門達男の替え歌を歌っていた。

→ **目立ちたがり屋でした。**

18歳　偏差値37から、人生初の勉強。まさかの大学合格！

→ **やればできる！と思いましたね。**

21歳　就活で悩んだとき「今村家にはオリジナリティーはない」と父親から言われた。

→ **「良いもの」と「良いもの」をつないで、自分だけのオリジナルをつくろうと思った。**

22歳　デューク更家をTVで見て、弟子がいることを知った。

→ **デューク更家の弟子になりたい！**

夢

一緒に楽しめるウォーキングを通して、もっと多くの人に喜んでもらいたい。

ウォーキング講師
今村大祐　25歳

自動車整備士・所さんの
夢を見つけたきっかけ5

5歳　自転車に乗りながら、後ろを振り向いて「バイバーイ」と手を振り転倒。

→ **おてんばな子でしたね。**

6歳〜12歳　小学生の間、スカートをはくことを嫌がっていた。

→ **女の子らしいのが嫌いだったんですよ。**

14歳　知り合いのお兄ちゃんが車の車種名を教えてくれたが、全部同じ様に見えていた。

→ **車と車種名を一致させたくて、
それから車を意識し始めました。**

18歳　ガソリンスタンドでバイト中に可哀相な車と出会った。

→ **車を元気にしたい！って感じたんです。**

20歳　IT関係の就職試験の最中、結果も聞かずに選考を辞退した。

→ **私のやりたい仕事ではない！って思ってしまったんです。**

夢

**全ての車が元気に走る
社会をつくりたい。**

自動車整備士
所真里　24歳

ワクチン品質保証・二階堂さんの夢を見つけたきっかけ5

5歳 お花屋さんになりたいと思って、お庭のお花を全部切った。家族は大騒ぎ…。

→ **思い立ったら即行動する子だったみたいです。**

13歳 中学で内部進学をし、周りの人より落ちこぼれな自分を知った。

→ **この頃から自分が何になれるのか疑問ばかりでした。**

22歳 就職氷河期もあり、落ち続けた。

→ **こんな自分が就職できるのか不安しかありませんでした。**

26歳 主人の「募集してたよ！」という言葉だけで再就職。辞めたくて仕方なかった。

→ **ワクチンに興味が持てませんでした。**

28歳 長女を出産し、ワクチンが大切な娘を守ってくれるんだと実感した。

→ **こんな私でも人の命を守れるんだ！と思ったんです！！**

夢

多くの人が少しでも安全でいられるよう自分ができることを頑張り続けたい！

ワクチン品質保証
二階堂千恵　30歳

手話通訳者・尾関さんの夢を見つけたきっかけ5

15歳　通学バスで初めて生の手話を見て、衝撃を受けた。

→ **手話って美しい!! そう思いました!**

16歳　筒井康隆著の本を読み、「人の心」に興味を持った。

→ **心に関わる仕事に就きたいなぁと何となく思いました。**

29歳　４，０００ｇもある第二子を自然分娩で出産。

→ **わりと体力あるんですよね～。**

32歳　市の広報で手話サークルの記事を見て、１５歳の時の衝撃を思い出した。

→ **手話に挑戦したい!**

33歳　聴こえない人たちと花見に行き、手話が分からず悲しい思いをした。

→ **聴こえない人たちのために自分ができることは何かを考えました。**

夢

信頼され、必要とされ、
聴こえない人と共に生きる
手話通訳者でありたい。

手話通訳者
尾関恭子　44歳

編集長・加藤さんの夢を見つけたきっかけ5

4歳～5歳
遊び相手が男の子ばかりで、自分のことをボクと呼んでいた。

→ **たくましく育ちましたねぇ。**

10歳
いろんな部活がある中で、新聞部に入部した。

→ **自分たちで調べ、伝えることに興味があったんだと思います。**

22歳
友人が編集の仕事に興味があり、一緒に就職活動をしたが、結局印刷会社に就職。

→ **編集って面白いかも、って思ってたんですけどねぇ。**

27歳
毎日の仕事が同じように見えてきて、転職を決意。
人手が足りず募集をしていた、今の会社に就職が決まった。

→ **一から自由に作り上げていく編集の仕事がしたかったんです。**

33歳
編集長になって、たくさんの方からご意見や「ありがとう」の言葉をいただくようになった。

→ **ようやく自分の仕事の意味が、カラダで理解できるようになりました。**

夢

地元の人の幸せのきっかけになるような雑誌をお届けしていきたい。

編集長
加藤純子　35歳

自殺防止NPO代表・茂さんの夢を見つけたきっかけ5

11歳〜12歳
地域の中で相撲が強い奴がいて、何度も投げられては向かっていった。

→ **根性だけは誰にも負けなかったよ。**

18歳
無免許運転の疑いで派出所に連れていかれ、
その場を免れるために「警察官になりたいんです！」と言った。

→ **その日から警察官としての人生が始まったんだよ。**

53歳
特捜時代、時限爆弾１２個を製造所から押収した。

→ **危険なのは都会だけじゃないんや、と思ったね。**

59歳
平成１５年、東尋坊での自死者２１人・自殺未遂者７０人の実態と出会った。

→ **自分が着任したからには、**
なんとかこの数字を減らしたかった。

59歳
私が保護した自殺企図者が行政にたらい回しにされ、私宛に遺書が届いた。

→ **助けてくれと言っている人を、**
助けることができない現実が許せなかった。

夢
自ら命を落とす人が
いなくなるように、
人生のお手伝いを
していきたい！

自殺防止NPO代表
茂幸雄　63歳

幼稚園園長・サタさんの夢を見つけたきっかけ5

6歳　いつも可愛らしい女の子が先生に抱っこされるのを見ていた。

→ **とてもうらやましかった…。**
公平な教育が本当に大切だと感じました。

10歳　日露戦争後で学用品も買ってもらえず、手作りのもので間に合わせていた。

→ **その時の恥ずかしさは一生忘れられません…。**
女でも仕事をして働きたい！と思いました。

12歳　貧乏が悔しくて勉強に熱中し、卒業式で優等賞をもらった。

→ **あの時は自信ができ、人生が生き返った！**

53歳　それまで働いていた中学校を退職し、園児２５名のさかえ幼稚園を創立した。

→ **経験を活かして、**
さかえ幼稚園で多くの夢を実現したい！

100歳　百歳の誕生祝いをＮＨＫで放送され、全国から祝辞をいただいた。

→ **やっぱり子どもたちが祝ってくれたことが**
何より一番嬉しかったです。

夢

これからも老人ホームでなく
幼稚園で長生きしたい！

幼稚園園長
吉田サタ　100歳

水の導化師・不破さんの夢を見つけたきっかけ5

7歳 机に書いた絵を「消しなさい」と言われ、彫刻刀できれいに彫ったら叱られた。

→ **自由奔放な少年でした。**

13歳 毎日の水泳トレーニングで、腕立て伏せ、腹筋、スクワットを各1,000回していた。

→ **世界一になるには並大抵の努力じゃダメだって学んだね。**

16歳 マンホールに落ちて、ロス五輪の代表から落ちた。

→ **人生って設計図どおりにいかねぇんだなぁ。**

25歳 選手を引退し、青年海外協力隊としてグァテマラへ行った。

→ **設計図どおりにいかないって、
悪いことばかりじゃねぇんだなぁ。**

27歳 ニューヨークで観たエンターテインメントに衝撃を受けた。

→ **引退した俺にも、輝ける可能性を感じた！**

夢

引退した選手が輝く場所の一つとして、水ならではのショーを創りたい。

水の導化師
不破央　39歳

アパレルデザイナー・和氣さんの夢を見つけた きっかけ5

5歳　誰にでもついていくような子で、親に名札（連絡先）をつけられた。

→ **人見知りゼロな子でした。**

9歳　お姉ちゃんといつもリカちゃんで遊んでた。

→ **リカちゃん大好き♥**

17歳　進路を決める時は、制服の可愛いところが基準！

→ **可愛いものには目がなかったです♥♥**

29歳　旧タカラに入社。お人形遊びが優しい心を育てることを知った。

→ **みんなにリカちゃんで遊んで欲しい！**

37歳　突然の部署異動で悩むが、周りの人に支えられた。

→ **人と人とのつながりが一番大事だと思いました。**

夢

リカちゃんを通して
日本中の女の子の優しい心を
育てていきたい‼

アパレルデザイナー
和氣聡子　39歳

新幹線車掌・木村さんの夢を見つけたきっかけ5

6歳 年上の友達が小学校に通うのに、自分だけが幼稚園に行くことに納得がいかず不登校になった。

→ **納得できないと動けない性格でした。**

16歳 高校生になり、電車通学のため定期券を持った。

→ **電車を使うことだけで、大人の階段をのぼった！と思っていましたね。**

12歳〜18歳 児童会長・キャプテン・副キャプテン…などになることが多かった。

→ **責任のある役割が好きだったのかもしれません。**

21歳 たまたまＪＲ東海の方と話す機会があった。

→ **直感でこの人たちと仕事がしたい！と思いました。**

21歳 大学時代、野球部に所属し、選手からマネージャーに移行した。

→ **当たり前のことを当たり前にする大変さ、素晴らしさを知りました。**

夢

地球滅亡の時まで電車を当たり前に走らせ続ける！

新幹線車掌
木村匡佑　24歳

看護師・山田さんの夢を見つけたきっかけ5

7歳

文集に「看護師になる」と書いた。

→ **小さい頃から年下の子や人のお世話をするのが好きでしたね。**

12歳

阪神大震災が起き、身の回りやＴＶでボランティア活動などをしている人の姿を見た。

→ **自分にできることはないか考え、私も人のためになることがしたい！と思いました。**

16歳

「看護師不足」のニュースや看板を見た。

→ **人のためになる仕事なのに、人手が足りないとは大変！私がなろう！**

19歳

大学ではバイト三昧の日々を送っていた。

→ **人と接する仕事が楽しくてしょうがなかったんです！**

23歳

就職をするが、患者様のためにしたいことがたくさんあるのに
日々の業務に精一杯で、自分がしたい看護ができなかった。

→ **やるべきことをやれば、自分がしたいことができるやん！と逆に考えるようになったんです。**

夢

「看護師は私の天職です」って堂々と言えるようになりたい！

看護師
山田紗代　25歳

茶園園主・石山さんの夢を見つけたきっかけ5

11歳 ＴＶのチャンバラに夢中だった。

→ **正義の味方・ヒーローになりたかったですねぇ。**

18歳 思春期。突然、自分の生きる意味に悩んだ。

→ **自分らしく生きていきたい、そう思いました。**

20歳 農業技術養成研究所に入り、いつも目にしていた植物が「お茶」だと知った。

→ **これが「お茶」か！と驚きました。**

31歳 岡倉天心著の『茶の本』を読んで「茶心」を知り、衝撃を受けた。

→ **「茶心」という世界を大切にしたいと思ったのです！**

43歳 町民とお茶のＰＲ施設の立ち上げに参加したが、考え方に違いを感じた。

→ **改めて、人との出会いを大切にしたいと思う自分を知ったのです。**

夢

一瞬を大切に思う心、
「茶心」という世界を
お伝えしていきたい。

茶園園主
石山貴美夫　53歳

牛乳屋さん・津田さんの
夢を見つけたきっかけ5

0歳　牛乳屋の次女として生まれ、牛乳ですくすく育った。

→ **毎日牛乳！が当たり前だと思ってましたね。**

12歳　泣いている友達を笑わそうと冗談ばかり言い、逆にひんしゅくを買っていた。

→ **人を笑わせることに一生懸命でした…。**

20歳　ニュージーランドへ留学。そこにもやっぱり牛乳があった。

→ **健康に国境はないんや！と気づいたんです!!**

26歳　仕事に行き詰まっていた時に参加したセミナーで、活き活きした人を見て感動した。

→ **活き活きした地域、社会を作りたい！**

36歳　私たちの店の商品で、お客様の調子が良くなったことを知った。

→ **みなさんを元気にしたい！**

夢

想いを込めた受箱から、
ご家庭に、地域に、日本に、
世界に、元気な笑顔を
生み出していきたい!!

牛乳屋さん
津田倫子　37歳

主婦・山本さんの夢を見つけたきっかけ5

11歳 校内マラソン大会で１位になった。

→ **思い返せばスポーツ万能少女でしたね。**

18歳 父が交通事故で、母が病気で入院した。

→ **その時、前向きな兄姉の姿勢と、家族の団結を実感しました。**

28歳 30歳 結婚して３年、念願の長男を出産。その２年後、次男を出産。

→ **家庭を守っていく主婦として、お母さんは頑張るぞ！**

35歳 なかなか授からなかった子どもが「生まれるまで時間がかかった分、僕は人より何倍も幸せになる力を蓄えれた！」と言ってくれた。

→ **子どもが生まれてきてくれたことに心から感謝した時でした。**

50歳 子どもが成人し、「育てる」から「見守る」ようになった。

→ **息子たちと同じ夢をそっと後ろから信じ追い続けたい。**

夢

**家族が元気でいることに
感謝して、いつまでも
笑って暮らせる家族でいたい！**

主婦
山本資子　50歳

美容師・吉原さんの夢を見つけたきっかけ5

11歳　同じクラス・同じ仲間で、最強のチームワークと先生方に言われた。

→ **僕にとって、仲間は本当に大切なんです。**

15歳　コム・デ・ギャルソンに目覚め、学校をさぼってバーゲンへ行っていた。

→ **オシャレには敏感でした。**

17歳　レーサーになりたいと夢見ていたけれど、レース中に転倒。

→ **リハビリのために、夢を断念。**

18歳　母親から気分転換に美容院に連れていかれた。美容師さんの姿に感動。

→ **こんなにも、人のために一生懸命な人たちがいるなんて！**

32歳　遺言に自分の名前を書いてもらい、亡くなった方の髪をセットさせてもらった。

→ **美容師という仕事の素晴らしさを、改めて感じさせてもらいました。**

夢

人の心の中に残る
美容師でありたい。

美容師
吉原健司　42歳

ホスト・手塚さんの
夢を見つけたきっかけ5

5歳
合唱を大声で歌ったら、口パクでやれと先生に言われた。

→ **周りを気にしない、自分本位な子でしたね。**

13歳～15歳
いろんなことに悩んでいた。何に悩んでいたというより、全てに悩んでいた。

→ **物凄く周りの目や自分の立ち位置を
気にしていたんだと思う。**

16歳～18歳
ラグビーに没頭して、悩んでいたうっぷんを晴らすことができた。

→ **ラグビーがなかったら、間違いなくグレていたと思う。**

19歳
それまでの生活と極端に違うことをしたくて、大学を辞めホストになった。

→ **形のないものを売るホストで結果を出せたら、
何でもできるって思ったから。**

27歳
自分のお店を出したが、うまくいかないことだらけだった。

→ **初めて、自分のそばにいてくれる仲間の大切さを知った。**

夢

**堂々と胸を張って、
今を頑張れるような
道しるべになりたい。**

ホスト
手塚真輝　30歳

パイロット・池長さんの夢を見つけたきっかけ5

7歳 空を飛ぶとんびを見て、気持ちよさそうだなぁと思った。

→ **俺も空を飛びたいなぁ。**

16歳 進路に悩んでいた時に、義兄に「パイロットになれよ」と言われた。

→ **パイロットになろうと思いました。**

26歳 飛行中エンジンが止まり落下。死ぬかと思った。

→ **それでも「空」が好きなんです！**

43歳 初めてパラグライダーで空を飛んだ。

→ **とんびと一緒に上昇気流に乗れました！**

53歳 フロリダのNASAに行く。サターン５型ロケットを見て感動した。

→ **やっぱり「空」なんですよねぇ。**

夢

空の上で鳥のように
空を飛び続けたい。

パイロット
池長弘善　56歳

似顔絵作家・笑達さんの
夢を見つけた きっかけ5

0歳　4，400gで生まれた。母子ともに危なく、母親は「死ぬかと思った」と言っていた。

→ **命がけで生んでくれた母親に今も感謝しています。**

7歳　担任の先生にめっちゃ怒られ、泣きながら描いた「芋掘り」の絵が入選した。

→ **絵を描く喜びを知りました。**

16歳　自分の実力を知り、３歳から夢見ていたプロ野球選手の夢を断念。
でも野球は大好きなので、高校３年間ひたすら打ち込んだ。

→ **野球を通して継続することの大切さを学びました。**

19歳　京都の路上で、生まれて初めて見ず知らずの人の似顔絵を描かせてもらった。

→ **似顔絵を渡した瞬間のあの笑顔は一生忘れられません！**

22歳　就活も終わった後、先輩から似顔絵の事業をやろう！と誘われた。

→ **悩みぬいた末、自分にしかできないことは**
似顔絵や！と確信しました。

夢　**人生が終わるその瞬間まで**
笑顔を届ける似顔絵を
僕の全てをかけて
描き続けたい！

似顔絵作家
笑達（川井達也）　25歳

医師・増田さんの
夢を見つけたきっかけ5

0歳〜4歳

４人兄弟の３番目。泣き虫で、兄の後ろにしがみつく毎日だった。

→ **人見知りで内向的でした。今では考えられません！**

10歳

実家の目の前で事故が起き、動揺した母と私の前で、医師としての父の姿を見た。

→ **私も同じように誰かの役に立ちたいと思いました。**

15歳

恩師に「何かに悩んだり、決断する時、しんどいと思う方を選びなさい」と言われた。

→ **後に自分が外科医の道を決めた時、**
初めて実行できた気がしました。

25歳

医師１年目の焦り、不安で悩んでいた時、尊敬する上司と出会った。

→ **外科医の素晴らしさを再認識。**
自分の夢に負けたくない！と思いました。

27歳

「先生に任せるよ」「先生に出会えてよかった」と言っていただいた患者様が亡くなった。

→ **信頼関係を築いていける喜びの中、**
救えない命の重さを知りました。

夢

笑顔を守れる医者になりたい。

医師
増田紘子　27歳

ダンサー・山本さんの夢を見つけたきっかけ5

3歳 七五三でまさかのお色直し。撮影三昧。

→ **自分をアイドルだと思い込んでいました。**

6歳 納豆が食べられないことが悔しく、必死で練習した。

→ **負けず嫌いな性格が発覚したんです。**

18歳 学園祭の舞台で歌を歌ったら、みんなにキャーキャー言われた。

→ **舞台で人に喜ばれるって何て快感なんだ！と思いました。**

19歳 今の師匠と出会い、音と身体が一体になる楽しさを知った。

→ **うまく踊れるって快感!!**

20歳 ニューヨークで本場のショウを見て、雷が落ちたぐらいの衝撃を受けた。

→ **私もオンブロードウェイで踊りたい！**

夢

人に感動されるダンサーになって、オンブロードウェイの舞台に立ちたい!!

ダンサー
山本麻代　29歳

働く人の

夢
と
きっかけ

働く人の夢 Review

本書の夢の文章は、ご本人様の原文を尊重し、
弊社にて編集、掲載させていただいております。

2 花火職人
泉宏樹《いずみひろき》さん

1 ウェディングプランナー
清水美佳《しみずみか》さん

11 通訳
平井美樹《ひらいみき》さん

13 ショップ店長
河合玲子《かわいれいこ》さん

10 地方公務員
下山義夫《しもやまよしお》さん

18 編集長
加藤純子《かとうじゅんこ》さん

16 ワクチン品質保証
二階堂千恵《にかいどうちえ》さん

17 手話通訳者
尾関恭子《おぜききょうこ》さん

15 自動車整備士
所真里《ところまり》さん

5 保険営業

河渕至高《かわぶちのりたか》さん

7 フリーアナウンサー

原田裕見子《はらだゆみこ》さん

4 投資会社会社員

大佐古佳洋《おおさこよしひろ》さん

6 学食のおばちゃん

伊戸桂子《いとけいこ》さん

8 社会福祉士

小谷雅敏《こだにまさとし》さん

3 保育士

柳原美緒《やなぎはらみお》さん

9 栄養士

太田詩織《おおたしおり》さん

12 建築家

ヤコポトリーニさん
Iacopo Torrini

14 ウォーキング講師

今村大祐《いまむらだいすけ》さん

23 新幹線車掌
木村匡佑《きむらきょうすけ》さん
24 看護師
山田紗代《やまださよ》さん
20 幼稚園園長
吉田サタ《よしださた》さん
22 アパレルデザイナー
和氣聡子《わけさとこ》さん
27 主婦
山本資子《やまもとともこ》さん
30 パイロット
池長弘善《いけながひろよし》さん
31 似顔絵作家
笑達《しょうたつ》(川井達也《かわいたつや》)さん

21 水の導化師

不破央《ふわひさし》さん

19 自殺防止ＮＰＯ代表

茂幸雄《しげゆきお》さん

25 茶園園主

石山貴美夫《いしやまきみお》さん

28 美容師

吉原健司《よしはらけんじ》さん

33 ダンサー

山本麻代《やまもとあさよ》さん

29 ホスト

手塚真輝《てづかまき》さん

26 牛乳屋さん

津田倫子《つだみちこ》さん

32 医師

増田紘子《ますだひろこ》さん

WORKPARTNER

WORKPARTNER

あとがき
ばなし

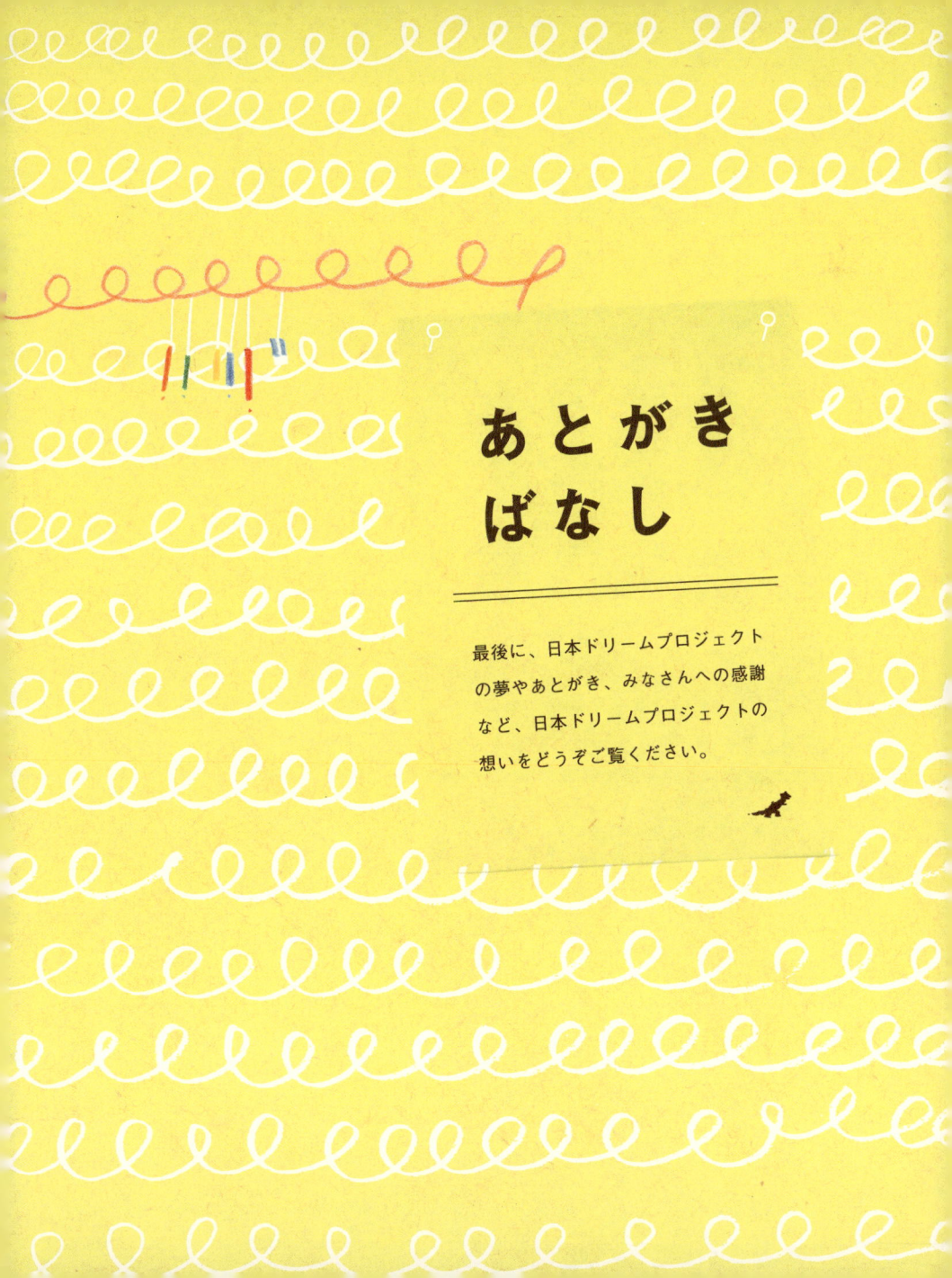

最後に、日本ドリームプロジェクトの夢やあとがき、みなさんへの感謝など、日本ドリームプロジェクトの想いをどうぞご覧ください。

あとがきにかえて

きっかけを見つけにいこう

この本の制作を通して、夢を持って働く人は、
こんなにも毎日を生き活きと過ごしているんだって、
僕もこんな風に働きたい、みんなにも夢を持って働いてほしい、
と心から思うようになりました。

それじゃあ、夢を持って働いている人は、
みんなどうやって夢を見つけたんだろうって考えたとき、
ご協力いただいたみなさんから、すごく大切なことを教えてもらいました。

それは、夢にはきっかけがあるということ。
そして、夢のきっかけは「自分を知ること」だったんだっていうこと。

どうしても僕たちはきっかけと聞くと、
一つの大きな出来事や、偶然の幸運なんかを想像してしまうけど、
きっかけというのは日常にあふれていて、誰にでもあったんです。
自分たちが生きる毎日の中で、
感じたこと、体験したこと、どんな些細なことでもよくて、
その出来事を通して、自分は何が好きで、何が苦手で、何に感動するのか、
そんな「自分を知ること」が夢のきっかけになっていたんです。

生きていく中で経験するいろんな出来事、
そこからたくさんの自分を知って、たくさんの夢のきっかけが生まれて、
そしてそれが積み重なって、夢へと向かう道ができる。

これって、すごいことだと思うんです。
だって、夢は自分が生きてきた道のりを振り返れば、
必ず見つけることができるのだから。

よく、自分には夢がないって言葉を耳にするけど、
それはまだ、自分の夢に気づいていないだけなんだと思うんです。
自分を知ることで夢を見つけて、
その夢に向かって自分から動いてみることで、
また新しい自分を知って、また新しい夢のきっかけが生まれて、
そうやって毎日が生き活きと輝いていく。
そんな夢を持って働く人たちだからこそ、
僕は出会わせてもらう度に元気をもらっていたんだと思います。

ぜひ、自分の夢のきっかけを探してみてください。
そして、みなさんにとって夢を見つける一番のきっかけに、
この本がなってくれたら本当にうれしいです。

日本ドリームプロジェクト
『働く人の夢』制作リーダー　内山蔵人《くらんど》

日本中のみんなとやって行きたいです。
家族と仲間と夢について話す、出逢った人に自分の夢を伝える、相手の夢を聞く、そうやって日常の中に夢という可能性を入れていくこと。
それだけでドリームプロジェクトなんです。
だから日本中の誰もができることです。
夢を持つことで自分を笑顔にして行きましょう
夢をめざすことで人生をおもしろくして行きましょう
そうすれば自然とみんな繋がっていって日本も世界も元気になります。

夢から始まる元気のリレー
人から人へ、日本から世界へ

日本ドリームプロジェクト

日本ドリームプロジェクトの夢

夢を意識することで日本を元気にしたい
夢に挑戦することで日本をもっとおもしろくしたい
これが日本ドリームプロジェクトの夢です。

だから単純に思うんです。
僕らの住む社会には、夢を考えるきっかけが少ない。
夢を忘れる現実が多い。
だからこそ、こうやって本をつくることなどで
夢のきっかけを生み出して行きたい。
そしてこのドリームプロジェクトは僕らだけではなくて

Yume-COLUMN

頭の中で考えているだけだと
結局どれもこれも
もやもやして終わってしまうんだ。
好きって気持ちを抱えこみ過ぎて
身動きがとれなくなってしまうみたいに。
そういう時は、
言葉にしてみることにしてる。
照れてしまうけど、
ちょっと遠くから
自分を見ることができるから。

夢だって同じだと思う。
言葉にしてみたら
ぼんやりだけど
自分の想いが浮き出てきて
そのうちに一番大切なところが見えてくる。

メモの切れ端でも、
手帳のすみにでも、
自分に素直になって文字を書いてみると
改めて知ることがたくさんあったんだ。
夢を書いてみるって、
結構いいね。

あなたの夢を募集しています。

- 夢は、HP、メール、手紙のお好きな方法でお送りいただけます。（下頁参照）
- いずれの場合も住所、氏名、電話番号、生年月日を必ず明記してください。
可能であれば携帯電話番号やメールアドレスもお書きください。
- 形式は自由で文字数に制限はありませんが、目安としては原稿用紙１～２枚
パソコンであればＡ４用紙１枚程度です。

出版物などへの掲載に関しては、掲載が決定した場合のみご連絡させていただきます。
また、お送りいただいた夢の文章はお返しすることができませんので、ご了承ください。

HP
ホームページから

募集ページよりお送りいただけます。その他のドリプロの活動についても紹介していますので、ぜひご覧ください。
日本ドリームプロジェクト原稿用紙のダウンロードもしていただけます。

日本ドリームプロジェクトホームページ

http://dream-project.info/

Mail
メールから

メールのタイトルを必ず「ゆめ」としてからお送りください。

送り先

yume@hello-iroha.com

Letter
手紙から

用紙は自由です。文章は手書きでも構いません。
絵の場合は、できるだけ折り曲げないようにお願い致します。

送り先

〒606-0032 京都市左京区岩倉南平岡町74番地
いろは出版「日本ドリームプロジェクト」

個人情報に関しましては、弊社からご連絡させていただく場合にのみ利用させていただきます。なお、個人情報を当該業務の委託に必要な範囲で委託先に提供する場合や関係法令により認められる場合などを除き、事前の承諾なく第三者に提供することはありません。日本ドリームプロジェクトは個人情報を厳守致します。

その他、ご質問、ご不明な点がございましたら、日本ドリームプロジェクト dream@hello-iroha.com まで、お問い合わせください。

感謝をこめて

アートワックスデコレーションのみなさん、アーノルドパーマータイムレス樟葉モール店のみなさん、愛川亜美さん
相宗大督さん、饗庭豊樹さん、青木淳也さん、青山真樹さん、赤坂ゆかりさん、赤松照美さん、秋月崇史さん
秋本つばささん、秋山健太郎さん、秋山笑子さん、秋山藍子さん、ASAKURA KOUHEIさん
アジュールひたちなかウェディングヴィラのみなさん、麻生暁秀さん、安宅美春さん、安達茜さん、足立典正さん
足立文子さん、安達充さん、あたっくさん、ACKEEさん、渥美翔さん、阿部マリさん、阿部基司さん、荒木祥さん
aritouさん、安藤寛恵さん、安藤博さん、安藤理恵さん、五十嵐淳さん、生田奈津子さん、池下瑛美子さん
池田和晃さん、井郷美由紀さん、石川愛子さん、石川英一さん、石田けい子さん、石原由美子さん、板倉裕知さん
板谷藍子さん、井出陽子さん、市野詳子さん、市山煙火商会のみなさん、伊東幸司さん、伊藤由佳さん、稲田雅人さん
井上加代子さん、井上英之さん、井上瞳さん、井上府香さん、井上ゆかりさん、井ノ口可奈子さん、伊野孝さん
今井千鶴子さん、今田奈津美さん、上坂朋宏さん、上田優さん、上野康治さん、上野弥生さん、上山賢司さん
内野辰男さん、宇宙スミスさん、梅嵜宰司さん、梅津俊樹さん、江川守利さん、大井和子さん、大井聡美さん
大釜一典さん、大釜加世子さん、大久保綾乃さん、大菅佳奈江さん、大谷ふみ子さん、大塚啓志郎さん、大坪千夏さん
大西博之さん、大森洋さん、岡田光司さん、岡田怜子さん、岡山哲士さん、小川賢一郎さん、萩原大さん
荻原幸雄さん、小栗亜紀子さん、尾崎恵里さん、尾崎晃一さん、織田清さん、小田原沙織さん、樗木昭さん
尾上由美子さん、小野裕章さん、小野嘉子さん、オリーブの丘のみなさん、甲斐千穂さん、梶浦清孝さん、片山久仁子さん
片山智之さん、片山結花さん、勝詩さん、勝又夏海さん、加藤あゆ美さん、加藤聖野さん、加藤俊輔さん、加藤はるさん
加藤幸信さん、加藤芳美さん、門川大作さん、門達彦さん、金井智恵子さん、金井正義さん、金城真紀さん
狩野三弥さん、嘉村賢州さん、亀井一夫さん、亀谷遊香さん、河合恒一さん、河合千尋さん、川口雅裕さん
川野ヒロミさん、川邊麻浅さん、川又郁恵さん、岸真砂子さん、岸本隆幸さん、岸本美香さん、北良平さん
北川藍子さん、北澤まなみさん、北野絵美さん、木戸範江さん、君島圭さん、木村あいさん、木村陽介さん
木村良己さん、木村和歌菜さん、Gyuさん、(福)京都福祉サービス協会小川事務所のみなさん、京丸園のみなさん
清川孝男さん、きんぴらさん、久下しおりさん、久世洋嗣さん、久保咲子さん、久保昇平さん、倉橋満里子さん
栗原英明さん、黒田尚嗣さん、黒田泰弘さん、黒田敬也さん、桑原駿さん、ケア・スポット梅津のみなさん
小池光江さん、甲田恵子さん、河野早紀さん、河野宏美さん、河野真弥さん、小久保美香さん、こぐま保育園のみなさん
小嶋紗英さん、児玉邦康さん、児玉美保さん、後藤幸一郎さん、ゴトウタカコさん、後藤めぐみさん
小幡ビビアン小夜子さん、小林愛子さん、小林沙弥香さん、小林千恵さん、小林真季さん、小松真里さん
小松万里子さん、胡麻本大さん、小宮真一郎さん、小森聡子さん、小山かおりさん、THE BiRDのみなさん
齋藤知代さん、齋藤富士子さん、済藤美香さん、齊藤恵さん、酒井祐子さん、坂井里江さん、さかえ幼稚園のみなさん
坂口久美子さん、坂本勝章さん、坂本邦夫さん、阪本裕之さん、阪本美子さん、佐川康子さん、佐々木恵美さん
佐々木祐子さん、さすけさん、佐藤考弘さん、佐藤直生さん、佐藤敏恵さん、佐藤寛和さん、佐藤美空さん
實廣良江さん、佐野瑛厘さん、椎葉美輝さん、ＪＲ東海のみなさん、塩坂邦雄さん、柴内晶子さん、渋谷明子さん
渋谷・はすとばらさん、島田章子さん、島村麻子さん、島村美帆さん、島村弥里さん、しもぐち☆雅充さん
下村祐香さん、下元恭子さん、じゃーじー真輝糸洲さん、社会福祉法人夢工房夢の園保育園のみなさん
JAMAISのみなさん、正井さゆりさん、生野忠貴さん、城明亜依さん、城明雅人さん、白戸絹江さん、白鳥未緒さん
白澤貴子さん、新庄洋子さん、Zoo Japan のみなさん、菅野健さん、杉山秀二さん、杉山隆正さん、鈴木栄さん
鈴木秀司さん、鈴木禎子さん、鈴木晴美さん、鈴里真帆さん、須田雅之さん、砂田真喜子さん、瀬津大輔さん、曽根倫さん
大安ケイコさん、平佳奈子さん、田井裕子さん、髙志俊明さん、高島弘美さん、髙橋貴大さん、高橋幸治さん、田頭批杜美さん
(株)タカラトミーのみなさん、瀧俊輔さん、竹内陽子さん、竹下富美子さん、武田忠嗣さん、竹谷友里さん
竹原信次さん、竹村瑞穂さん、多田洋介さん、田中冬一郎さん、田中まやさん、田中恵さん、田中洋介さん
田邊敦子さん、谷京子さん、谷脇正史さん、玉田雅己さん、田村広孝さん、築道理恵さん、千葉輝子さん

茆原みほさん、塚本美早紀さん、辻和宏さん、辻有紀子さん、辻田晶夫さん、辻野康史さん、辻正則さん、辻恵さん
土田しのぶさん、土屋有加さん、つぼいひろきさん、テイ・セイキさん、寺崎洋子さん、寺田衣里さん、寺田浩さん
天日謙作さん、土井敏哉さん、東坂貴之さん、堂森英雄さん、富樫一公さん、時信真由美さん、徳治昭さん、戸田功さん
富永光昭さん、内藤香織さん、永井あゆみさん、中尾正志さん、仲尾真理さん、中川一志郎さん、中越裕史さん、中込璋さん
長坂大さん、長崎電気軌道（株）のみなさん、長島隆博さん、長島正博さん、中島ますみさん、中島みのりさん
長島美稚子さん、中瀬靖幸さん、永武欣也さん、中西啓文さん、中野肇さん、永野麻衣子さん、長橋貞義さん
長橋悠さん、中原麻紀子さん、中村綾子さん、中村和美さん、中村哲也さん、中村豊さん、中山佳苗さん、西尾明子さん
西川絵理さん、西河操さん、西澤寿樹さん、西田祐馬さん、西村和樹さん、西村直美さん、西山孝さん
日都産業(株)のみなさん、二宮祥晃さん、野上ゆう子さん、野口研治さん、野口能弘さん、野崎春香さん、野中郁子さん
野々下富美さん、埜藤理恵さん、noriさん、ハー・カム・トゥイさん、橋口菜穂子さん、橋本香織さん、萩原奈々さん
萩原千人さん、初谷誠さん、服部ひとみさん、ハナス・ジャスティンさん、濵田歩さん、濱知子さん、林絵理奈さん
林麻智さん、林美都里さん、早田明美さん、原恭子さん、原川秀美さん、原田一宏さん、原田浩邦さん、原田博行さん
Be-ba b aのみなさん、東紗希さん、東哲平さん、樋口龍二さん、久長茂樹さん、日高有香さん、平井力さん
平田珠美さん、平田昌也さん、平野勇治さん、深田真由美さん、福井綾さん、福本多見三さん、藤井敬子さん
藤井ミカさん、藤臣美弥子さん、富士ゼロックス京都のみなさん、藤田ひろみさん、藤林亜弥子さん、藤万美子さん
藤安正博さん、藤原誉さん、藤原祐二さん、舞踏派詩人マーベラスさん、船瀬祥代さん、吹雪大樹さん、文元友子さん
降旗順一郎さん、古谷久野さん、古屋ゆり子さん、ほうゆう学園乳児院エンジェルホームのみなさん、細谷弘樹さん
細目江利子さん、堀川香奈子さん、堀川豊さん、本間綾子さん、本間統さん、マーレー寛子さん、前田千恵さん
マカロン由香さん、眞木啓彰さん、真砂由美さん、松井二郎さん、松井知明さん、松尾志乃さん、松尾文人さん
松永幸廣さん、マドレボニータのみなさん、丸山淳司さん、三尾恵美さん、三神結衣さん、水田あゆみさん、水沼崇さん
水野由紀恵さん、みずほ台動物病院のみなさん、溝川順三さん、MICHIKOさん、光田勝久さん、三森敏明さん
光谷香朱子さん、南野佳代子さん、宮地宏至さん、宮田博臣さん、宮田裕香子さん、ミヤティさん、宮原春日さん
ミル動物病院桜ヶ丘のみなさん、六名泰子さん、武藤祐子さん、村上雅樹さん、村田香織さん、村山奈穂さん
モノカフェワヲンさん、森藤真弓さん、森川雄一さん、森川明美さん、森川俊介さん、森喜るみ子さん
森田右近さん、森田亨さん、もりたもとこさん、森光大さん、森本祐輔さん、森康子さん、ヤクルトレディ村田さん
ヤサカタクシー運転手のみなさん、安田絵里子さん、矢戸碧衣さん、柳原圭さん、矢野裕子さん、山内美陽子さん
山口一郎さん、山口和佳さん、山下吾一さん、山下論子さん、山下ちひろさん、山田純二さん、山田智昭さん
山納洋さん、山本智子さん、山本慎吾さん、山本拓哉さん、山本直哉さん、山本英高さん、山本ひとみさん
山本麻千花さん、山本六三さん、(株)ユニカルインターナショナルのみなさん、夢の星保育園のみなさん、横井俊弥さん
横井康之さん、横山真理さん、吉川真紀子さん、吉田香里さん、吉田但さん、吉田由美子さん、米川悟史さん
(株)リーフ・パブリケーションズのみなさん、ル・パティシエミキさん、REIKOさん、若尾直子さん、渡辺杏美さん
渡辺徹さん、渡邊直美さん、渡邊奈津子さん、渡邊税さん、渡辺行史さん、渡部慎也さん、渡部達也さん、和智薫さん
○子どもの絵画協力：だん王保育園、信ヶ原千惠子園長、矢巻先生、だん王保育園の子どもたち
荒川香織、稲村かおり、上田礼、遠藤雅子、大井みのり、大川晃美、大坪久美、小笠原晶子、加藤周、上島麻耶
栢里美、川井有紗、川夏仁志、川辺健、衣川加納、木原由衣、金聖恵、木村咲太、木村春太、木村めぐみ、小平麻衣子
後藤恵美、小林万里亜、駒井秀一朗、齊藤優介、酒井洋輔、嶋﨑陽子、手塚紗矢香、寺西太郎、中尾麻理子、中里美紀
中嶋貴士、中島美緒、中島美里、中跡奈都子、中西紗野佳、中野可奈子、西尾光平、橋住朋、福井一乃、藤田正広
細谷能子、堀之内克彦、圓口拓司、宮下清里、村上純代、村川健太郎、山口力哉、山崎恵美、山﨑蓉子、渡辺歩美、三島暖

一緒に夢を集めてくださったみなさん、今回「感謝をこめて」にて
ご紹介できなかったみなさん、その他ご協力くださった全てのみなさん、
本当にありがとうございました。これからもよろしくお願いします。

ピタゴラスイッチに何を思う。

編集後記

この本を制作した中心メンバー12人のうち7人は、入社して1年たっていませんでした。そのようなメンバーですから、「働く」というテーマに向き合うと同時に、自分と向き合うことになったと思います。ピタゴラスイッチのようにスムーズに気持ち良く、ボール（しごと）が進むなんてことはそう簡単にはありませんでした。とても苦しんだと思います。彼らは右往左往しながら一つ一つの壁を乗り越え、行ったり来たり、大小様々な障壁に耐えながら、くじけず、前を向き、強い信念を持ち続けました。それがしごとの中身を充実させ、彼ら自身の成長にも繋がるんだと思っています。（ピタゴラスイッチも寄り道するからおもしろいでしょ？）

ここに一つの本として出版できたこと、彼らに賛辞を贈りたいです。（この場をお借りします。）

それでは、彼らに、この本の制作を通して「成長したところ」を質問してみたいと思います。代表、先輩もあわせてどうぞご覧下さい。

文・北原和規（きぃ）

編集

Ⓐ きむ（木村行伸）(27)
Ⓑ 西野佐津生 (24)
Ⓒ 内山蔵人 (24)
Ⓓ 林美穂子 (25)
Ⓔ 中尾亨 (27)
大久保貴太郎 (23)

写真

Ⓕ 梅村昌哉 (29)
Ⓖ 野間昭男 (29)
矢谷知仁（助っ人）(27)

装丁・デザイン

Ⓗ 北原和規 (26)
Ⓘ 手塚久司 (26)
Ⓙ 大井喜理子 (23)

(B)
1日の終わりに「今日も働いたぁ〜！」って自分で120点をあげられる働き方がしたいと思うようになりました。
(C)
この本を絶対に届けたいと思って今日まで走ってきました。今日まで走ってこれたこと、それが僕の成長です。
(D)
たくさんの「働く」と出会い、考え続けて、今の幸せに気づいた。「働きたい」と心底思う自分と出会いました。
(E)
人は出逢いで成長し、人が繋がって働くや社会が成り立つんだなって改めて思いました。全ての方に感謝です！
(F)
「誰かのため」そして「自分のため」に働く方々に触れられたことで自分が少し成長できそうです。
(G)
多くの方と出会い、いろんな夢や仕事に対する思いを知ることができ、改めて自分自身のことを考えられたこと。
(I)
食パンをまるめるとすっげー小さくなる様に、今回の制作もそんな感じでした。きつい中にも新たな発見があったからベリハッピ！
(J)
仕事はいつでもていねいに！ということを毎日感じました。
(H)
今日の成長を、おじさんになった時に感じることができたら嬉しいです。
(A)
働くことは生きること。生きることは働くことだと、あらためて気づかせてもらえました。感謝です。

働く人の夢

2008年5月 5 日　第1刷発行
2008年6月12日　第2刷発行

編集　日本ドリームプロジェクト

発行者　木村行伸

発行所　いろは出版
〒606-0032
京都市左京区岩倉南平岡町74番地
電話 075-712-1680
FAX 075-712-1681

印刷・製本　日本写真印刷

装丁　いろは出版 デザイン部

ISBN978-4-902097-22-1

乱丁・落丁本はお取替えします

HP　http://hello-iroha.com
MAIL　letters@hello-iroha.com